# これが最後の片づけ！

一生散らからない「3日片づけ」プログラム

片づけアドバイザー
石阪京子

ダイヤモンド社

生活スタイルが変わった今がやりどき！

# 二度と散らからない部屋になる「これが最後の片づけ！」

2017年
片づけ直後の
After

Case1 Aさん

片づけ前の
Before

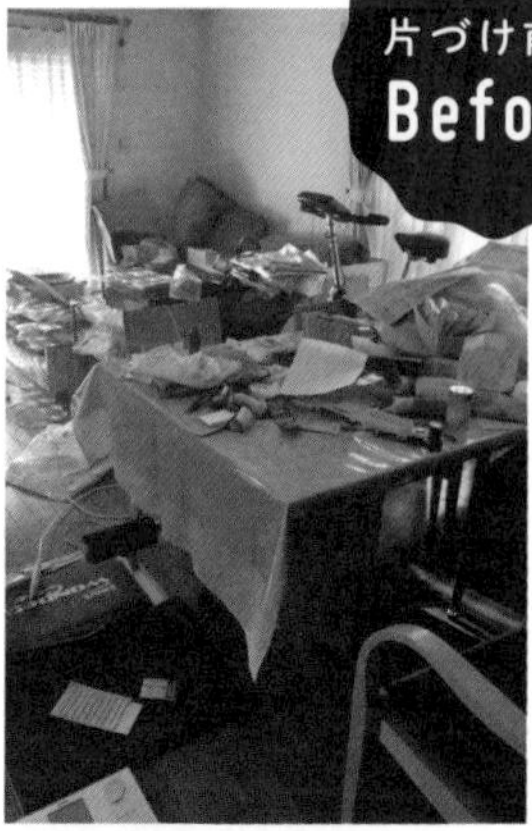

3年後の現在は？

今使っているモノや健康器具、趣味のお菓子作りグッズなどが散乱していたリビング＆キッチン。
掃除の行き届かない空間が、石阪メソッドでスッキリ大変身！　家事効率も劇的にアップしました。

Case1 Aさん

## 2017年に「最後の片づけ！」に挑戦し、55年間の〝片づけられない女歴〟を脱したAさん。3年たった今もリバウンドなし！

### 人との縁を結べる家に

片づけが子どもの頃から苦手で、自由に人を呼ぶこともできない家に嫌気がさしていたAさん。けれど、忙しいお仕事もあり、片づけをずっと先延ばしにしていました。

ところが、そんなAさんは、ある出来事を機に一念発起。

大雨による被害で、ご近所のお友達が小学校に2日間も避難することになったのです。日頃から何よりも人との絆を大切にされるAさんは、その時、家が散らかっているために、お友達に「うちに

今では嘘のような
Before

物置状態のリビング。

作業スペースゼロのキッチン。

2020年
3年後の
After

床にもテーブルにも何一つモノが置かれていません。これがAさんの今の日常！

飾られたお花に、心の余裕を感じます。

光る床、シンクがまぶしい！

朝、顔を洗うのが気持ちよさそう！

お客様を気持ちよく迎えられる清潔な玄関に。

来て、泊まっていいよ！」と言ってあげられなかったことが、本当に悲しく悔しかったそうです。

そこで、石阪メソッドのレッスンを受け、「これを最後の片づけにする」と決意。最後まで片づけきって、3年経過した今も、美しい状態をキープしています。

行動的なAさんは、コロナ禍のステイホーム期間も、プロのバレエダンサーのオンラインレッスンやオンライン英会話で自分磨きを楽しんだそう。

近所のお友達にも、気軽に立ち寄ってもらえる家になったことを心から喜んでいます。

今では
嘘のような
**Before**

がらんとしていた和室。

機能を果たさない洗面所。

ゴミが放置された玄関。

2020年
3年後の
After

和室もあたたかみのある
空間として生き返った！

亡きお母様の自慢だった欄間がとても美しい、仏間のある和室は、Aさんの心を癒してくれる部屋に。

Case2 Bさん

## 子どもの友達を呼べる家にしたいと決意し、片づけたBさん。「介護」「リモートワーク」と環境が変わっても乗り切れた！

### 思い出を育める家に変身

「1階に子どものモノがあるほうが便利」と効率を求めた結果、リビング横の和室は物置状態となり、かえってモノを探す時間が増えていたBさん。そこで「子どもの友達を呼べる家」を目指して片づけを決行！　思い出のモノを捨てられないのが悩みでしたが、片づけを通して、モノ自体がなくても思い出を大切にすればいいと思うように。「モノにコントロールされるのもうんざり！（笑）」と、今そこにある幸せをかみしめています。

今では嘘のような Before

家族みんなで囲めない食卓。

モノが降ってきそうなキッチン。

子ども部屋状態の和室。

2020年
3年後の
# After

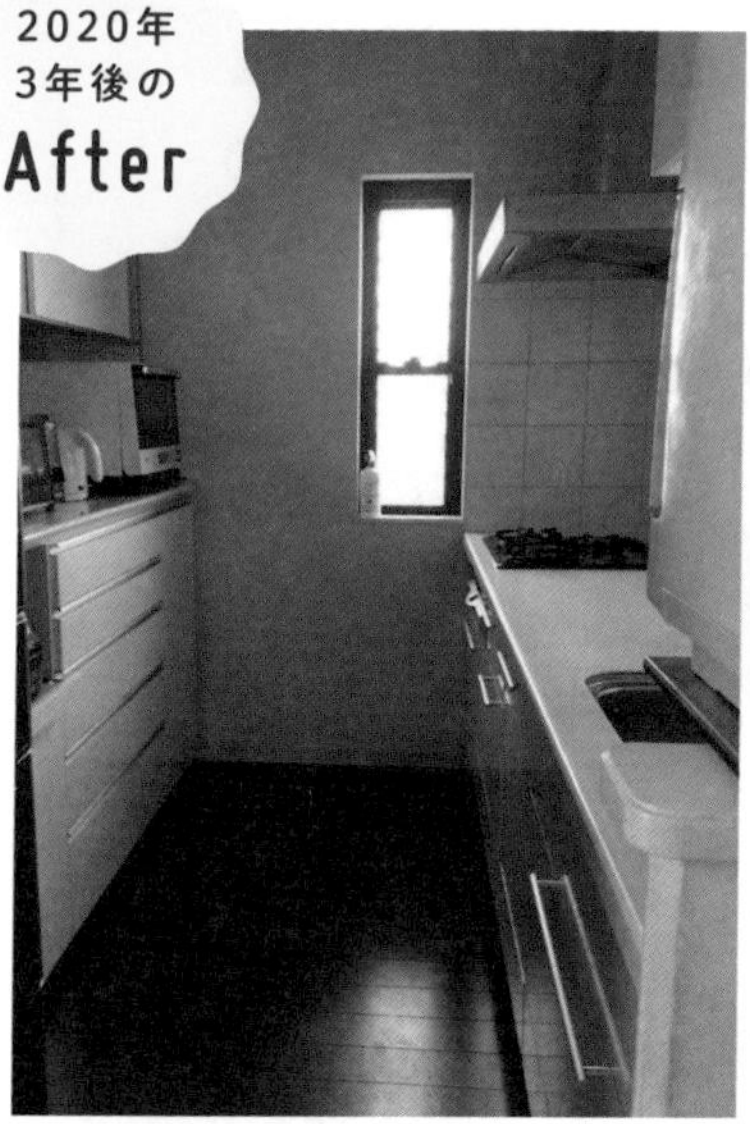

今の生活に合わせて食器棚もアップデート。

現在は、ご自身のリモートワークの部屋に。

友達が何人も集まれる明るい食卓。

和室は様々な役割
の部屋に変化!

家族の介護の時も
余裕で対応。

片づけ直後。ルンバが大活躍。

Case3 Cさん

本書の片づけ法は、モノを捨てるだけの
表面的な片づけではありません。
必要なモノだけを選び、収納も使いやすく!
だから絶対、リバウンドしないのです。

押入れの
Before

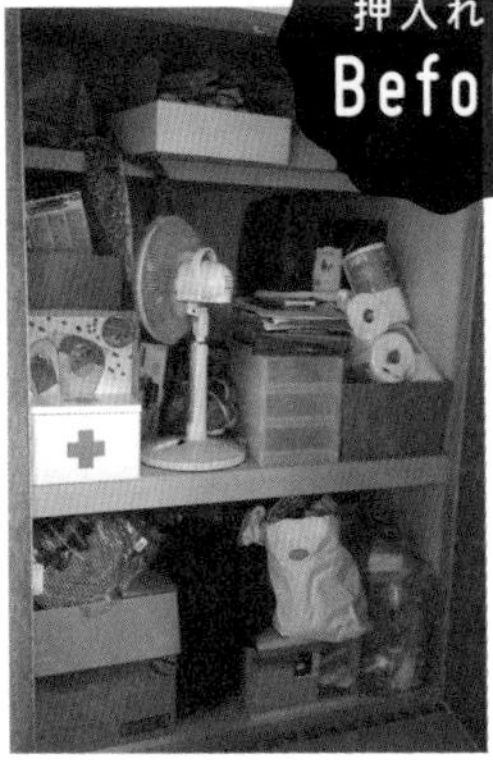

季節家電や日用品などを、空いている場所にとりあえず置いただけの状態。デッドスペースが多く、奥のモノが取り出せない。収納スペースを生かしきれていない。

押入れの
After

四角い収納ケースに入れてデッドスペースを排除。Fitsのケースは中で仕切ってこまごましたモノを入れ、季節家電はカラーボックスの裏側に。モノを出し入れしやすいから、使用後はすぐに戻すのが習慣に。

一回やれば、一生散らからない「3日片づけ」プログラム

# これが最後の片づけ!

# はじめに　新しい生活スタイルで「片づけ」がより重要に

新型コロナウイルスの感染拡大を機に、片づけに対する意識は大きく変わりました。ステイホーム期間が長くなることで、**「家が片づいている人と、散らかっている人とでは圧倒的に幸せ感が違う」**という事実に、改めて多くの人が気付かれたと思います。

家が片づいている人は、在宅期間中も、お料理や日々の暮らしのちょっとしたことをインスタグラムにアップしたりして楽しんでいたのに対し、片づいていない人は、逆にそういう投稿を見るのが、とても辛かったと言います。

お気持ちはよくわかります。家族が家で過ごす時間が増えると、ただでさえ片づきにくくなる上に、家族のために3食料理を作ることも増えます。キッチンは狭いし、モノは多いし、掃除もしないといけないし……。家事を担っている人は本当に大変です。

それに加えて、在宅ワークの旦那様からは「なんで専業主婦なのに部屋を片づけられないんだ」と言われたり、働いているお母さんは、自分も在宅ワークで、仕事と家事の両方を回すことに混乱したり。精神面が不安定になるお子さんもいらっしゃって、もともと片づけで悩んでいた方は、さらに深刻な家庭内の悩みを抱えやすくなったように思います。

でも、私は、これは、暮らしを整えるきっかけになったと思います。ずっと後回しにしていた問題が浮き彫りになり、それと向き合う時間ができたからです。毎日がバタバタしていて、部屋が散らかっていても、ダイニングテーブルにモノが山積みで家族一緒にご飯を食べられなくても、これまで「仕方ない」「まぁ、いいか」とやり過ごしてきた方は多いでしょう。

でも、家族と家で過ごす時間が増え、他人と気ままに触れ合えない分、日々の暮らしのありがたさや家族の大切さに気が付いた方が多いのではないでしょうか。

だから、今こそ、日々の暮らしや家族との毎日を快適にすることについて、真剣に考えてみませんか？　そのスタートとなるのが、「片づけ」です。

## これからは「捨てるだけ」の片づけはＮＧ

ここ数年、なるべくモノを持たずに生活する「ミニマリスト」的な生き方も人気でしたが、コロナ禍を機に、やはり、いざという時のためにある程度のモノを「備え」ておかねばならないという意識が高まっているように感じます。

新型コロナウイルスのような感染症ばかりでなく、地震や水害などの自然災害にも備えておかなければ、いざという時、命が守れないこともあります。

備えるためにも、やはり最初に必要なのが「片づけ」です。モノが多い家は、地震など自然災害の時にも危険です。また、備蓄品を買っても置き場所がなかったり、万が一の時に必要なモノをさっと取り出せなければ、備えている意味もありません。

ｗｉｔｈコロナ時代には「備えながらスッキリ暮らせる片づけ方」が求められていると私は考えています。

## リバウンドを繰り返した人が集まる「最後の砦《とりで》」

２００６年に夫が不動産の仕事を始め、私にもできることはないかと、お客様にお引っ越しやお片づけのサービスを始めました。その後、宅地建物取引士の資格を取得し、実際にお客様と一緒に様々な家を見るようになると、同じ間取りでも、家が散らかっていたり、汚れていたりすると売却時の価格が大きく違うことに衝撃を受けました。

お客様のお片づけをお手伝いするうちに、理想の暮らしに立ち返り、部屋割りから考え直して家一軒を片づける「二度とリバウンドしない」メソッドができあがっていきました。

このメソッドが、どんなに片づけられない人でも必ず片づく〝片づけの最後の砦〟としていつの間にか口コミで広がって、次第に全国から多くの方が訪ねてくださるようになりました。そして、これまでに1000人近くの方がこの方法で片づけに成功されました。

その多くが何回もいろんな片づけ法にチャレンジして失敗をし続けたり、プロにお願いして部分的に片づけをしてもらっても、自分ではどうしたらよいかわからずリバウンドしてしまった方々です。中には、55年間、何回片づけても、どうしても汚部屋から脱出できない……という方もいらっしゃいました。それでも大丈夫。この方法通りに行えば、必ず、二度と散らからない「最後の片づけ」にすることができるのです。

目に見えるモノが片づくようになると、不思議と、お金まわりや人間関係などの、目に見えない問題も片づくようになってきます。そして、暮らしが整い、様々なリスクに備えることもできるようになり、人生が好転します。

働き方や暮らし方の価値観がガラリと変わった今だからこそ、二度とリバウンドしない「最後の片づけ」に、本気で取り組みましょう。そして家族みんなが幸せに暮らせる家を取り戻しましょう。理想の暮らしはすぐそこです！

目次

# 第1章 片づけは「部屋割り」から始める

第2章

# これで一生散らからない！ 家一軒が3日で生まれ変わる「片づけ合宿」

第4章

# 狭い家が一気に広くなる！スペースを生む「家具」と「収納」

第5章

# 普段も非常時にも役立つ！ 二度と散らからない「ラク家事」

## 第6章 必要な情報がすぐ取り出せる！書類管理のノウハウ

切り取って使える
巻末リスト

捨て方を迷いがちなモノの
**処分方法リスト**

災害対策も感染症対策も万全！ いざという時のための
**備蓄品リスト**

＊本書の情報は、2020年11月現在のものに基づいています。また、本書に登場する生徒さんのプロフィールや状況などは、個人を特定されないように一部を変更しております。

# 序章

## 片づけなければ、生き延びられない！

今こそ、徹底的に「暮らし」を変えたい5つの理由

Reason 1

# トイレットペーパー、マスク、水……。備蓄はやっぱり必要だった！

2020年の春、新型コロナで東京がロックダウンされるという噂が流れていたころ、東京の知人から「トイレットペーパーがスーパーから消えた」というメールがきました。本当かしらと思って近所のスーパーへ行ってみたら、たしかに在庫がわずか。そして翌日には私が住んでいる大阪でも見事に棚から消えました。読者の方の中にも、トイレットペーパーが急に手に入らなくなって困り果てた方が多いのではないでしょうか。

これでわかったのは、何でも手に入る今の時代でも、**何か緊急事態が起こると、たとえそれがデマであっても「商品は手に入らなくなる」**ということです。

トイレットペーパーなんて、オイルショックの時もデマで品切れになった歴史がありますから、まさかまた同じことが起きるなんて思いもしませんよね。みんなデマだとわかっています。それにもかかわらず、売り切れてしまう。「念のため買っておこう」「みんながデマに踊らされて買えなくなったら困るから買っておこう」という不安な気持ちがあるから、結局品切れになってしまう。これは、人間の心理なので仕方がないかもしれません。

また、緊急事態宣言が出されていたころは、ネットスーパーもとても混雑していました。注文が殺到して予約がまったく取れなくなったため、忙しく買い物に行けない時はネットスーパーで買い物をしている私も、怖いと思いながらスーパーまで足を運ぶことになりました。混雑していて時間もかかり、感染の不安もあり、本当に疲れました。

私は今まで、書籍や片づけレッスンを通じて**「食材のまとめ買いは3日分でいい」「ストックは持たなくていい」と提唱してきましたが、そういう時代は終わった**と感じています。コンビニを冷蔵庫代わりにしていたミニマリストの方や、以前の私のように3日分しかまとめ買いしていない場合は、ネットスーパーも使えない、デマで必要なモノが買えなくなるという事態に陥ると、生活が立ち行かなくなります。

今後も、コロナや新たなウイルス感染症などで同様のパニックが起こる可能性は大いにあるでしょう。ですから、大切なのはあらかじめ自分で持っておくということ。必要なモノを必要なだけ、備蓄しておかなければならないということです。

Reason 2

# 「家にモノがあふれているのに、必要なモノがない」を解消する!

ミニマリストの方は、緊急時に家に食べ物がなくて困ったかもしれませんが、スペースに余裕はあったはずです。ですから、慌てて買った食品をしまうことはできたと思います。

一方、**より一層大変だったのは、「家にモノがあふれているのに、必要なモノがない」という方々**です。お片づけレッスンの生徒さんにもたくさんいらっしゃいました。「水は大丈夫ですか?」とお聞きしたら、5人家族なのに「2リットルが数本だけです」と。それではいざという時、絶対に足りません。

また、つい慌ててカップ麺や冷凍食品を手当たり次第に買ったはいいけど、しまう場所がなくてあふれてしまった人も多かったようです。インスタント食品はかさばるわりに栄養価も低いので、免疫力を落とさないことが大切な時には、優先して備蓄すべきモノではありません。

でも、みなさん緊急事態になると不安になってついついモノを買いこんでしまうお気持ちは、よくわかります。食べ物に限らず、休校中の子どもにおもちゃをたくさん買い与えたり、効果が定かではない抗ウイルスグッズを買ってみたり……。何をどれくらい買えばいいかというのは、とても難しい問題です。

しかし、だからこそ冷静に判断できる今のうちに、備えを進める必要があります。パニックに陥っている時は、不安に押されて、本来必要がないモノまで買ってしまう恐れがあるからです。**withコロナ時代の片づけは、捨てすぎてもダメだし、買いすぎてもダメ。そのバランスが大切**です。

そう考えると、すでに片づけを終えた私の生徒さんたちが緊急事態宣言中にも生活を楽しんでいたのも納得できます。これまで私は「収納は7割を目安に」とお伝えしてきたので、生徒さんたちの家には3割のスペースの余裕がありました。ですので食べ物を多めに買っても床にあふれることはないし、生活を楽しむゆとりもありました。ある生徒さんは、YouTubeを見て魚をさばけるようになったそう。「家を片づける前だったら、この自粛生活、最悪でした」とおっしゃっていました。

**暮らしの土台が整っていれば、急なピンチも乗り切ることができる**のです。

Reason 3

# 家が「くつろぎの場」だけでなく、「職場」や「学校」になる！

これまでは、「家＝くつろぎの空間」。あるいは「家＝眠る場所」。それが、主な役割だったと思います。

ところが、そんな家の役割がコロナを機に激変しました。

これからは、在宅ワークで家が職場になったり、オンライン授業で学校になったり、ジムになったり。そして感染時には病室にもなります。この**「色々なことが在宅化する」という流れは、withコロナ時代が終わっても、おそらく、元には戻らないでしょう。**

フロリダに住んでいる生徒さんのお宅は、コロナが流行してすぐに保育園もオンラインになったそうです。日本はまだまだ遅れていますが、今後はオンライン化が加速していくことでしょう。夫婦ともに在宅ワークになったり、子どもの学校や塾もオンラインで行われたりすると、家の中が同時に、夫の職場、妻の職場、子どもの学校と、複数の役割を果たす必要が出てきます。デスクワークをするためには机やイスがいりますし、会社から持ち帰った資料を置く場所もいるかもしれません。またｗｅｂ会議をする時は背景や音も気になる。つまり、物理的なスペースが必要になります。

私の知り合いに、筋トレを本格的に行っている人がいて、必ず毎日マシンを使ってトレーニングをします。彼はジムが営業を自粛している間に、ソファーを捨てて自宅にマシンを買ったそうです。この方のように、自分にとって必要なモノを導入するためには、優先順位が低いモノを家から出し、スペースを空けなくてはいけません。

また、これまでは「その瞬間、そこだけきれい」なら、生活が成り立っていた面もあると思います。友人が遊びにくる時だけリビングに散らかっているモノを個室に押し込んだり、食事をする時だけダイニングテーブルに積み重なっているモノをどかしたり。

けれども、**家の役割が多様化した今、その場しのぎの片づけでは生活が回らなくなってしまいます。**夫婦がそれぞれｗｅｂ会議を行う場合は、各部屋をフル活用する必要があるため、「じゃまなモノは違う部屋に押し込んでおけばいい」とはいかないからです。

家の部屋割りを見直し、余分なモノは家から出し、生活の足かせを外し、家をもっと柔軟に使いこなしていくことが求められています。

Reason 4

# 家にいる時間が増えて「散らかっている」ストレス倍増

家族が家にいる時間が増えることで、家族間の問題を抱える方も多くなりました。コロナ以降私は、主にLINEで片づけのレッスンを行っているのですが、緊急事態宣言時にレッスンを開始されたDさんもその一人です。

彼女はワーキングマザーで、小さいお子さんがいます。お子さんが小さいと、家は散らかりやすくなりますよね。今までは、まぁ仕方ないと諦《あきら》めていたそうなんですが、夫婦ともに在宅ワークをすることになり、事態が一変しました。**散らかったまま、在宅ワークがスタートするわけです。**

特に子どもの保育園がない時は大変。子どもの面倒を見ながら、仕事もしなくてはいけない。3食のご飯も用意しないといけない。日中は子どもから「ママ、ママ」と5分に1回呼ばれて、まったく仕事にならない。「在宅ワークになってラクでしょう。通勤がないし」と言われることもあったそうですが、それは子どもが保育園に行っていればの話です。**子どもがいるなかで在宅ワークなんて、できるわけがありません。**

毎日子どもが寝た後に仕事をして、へとへと。それなのに、日中あまり仕事が進まないせいで、会社からはサボっているように思われる。

しかも、旦那様がまったく協力的じゃないんです。旦那様専用の書斎はあるのに、そこは旦那様の趣味のグッズや洋服などが置かれていて物置状態になっていました。なので、そこは書斎として使えず、仕方なくリビングでweb会議をされるそうなんですが、背景に汚い部屋が映るのが恥ずかしいから、「片づけろ」とか、**「子どもがうるさい。静かにさせろ」**とか言われて……。

だけど、そんなの無理ですよね。なのでDさんは仕方なくお子さんをつれて公園へ行かれていたそうです。そんな毎日が続いて、夫婦喧嘩が絶えなくなったDさんは離婚を考えるまでになりました。

でも、もしも部屋が散らかっていなかったら？　旦那様専用の部屋が片づいて、そこでweb会議をできるようになったとしたら？　Dさんのストレスも少しは軽減されたのではないでしょうか。

## モノと人の気配に満ちた家は、それだけで疲れる

家族が散らかった家に密集することで、全然くつろげず、疲れが溜まるという人も多くいらっしゃいました。**モノと人の気配が満ちている状態は、満員電車に乗っている時と似ています。**一日中そんな状態だったら、疲れて当然ですよね。

でも、恐ろしいことに、散らかった部屋には簡単に慣れてしまいます。散らかっている家に住んでいると、その状態が当たり前になっていくのです。

私もそういう時期がありました。まだ片づけの仕事を始める前、不動産業がとても忙しかったころに、床にモノがあろうが、それが普通で、誰かが来た時にザーッと片づけたらいいやと思っていました。でも、その汚い状態に慣れている時は、たとえそれが当たり前になっていても、実はイライラしているし、疲れも溜まっているのです。心も常にザワザワしているため、その時の気分次第で、怒りがカーッとこみ上げてくることもありました。

散らかった家に住む人たちの多くも、本当は今までも気付かないうちにストレスを溜めていたのではないでしょうか。それが、家族が家に集う時間が増えたことによって表面化

し、より一層疲れを感じるようになったのかもしれません。

どういう環境に身を置いているか、どんな家で、どのような暮らしをしているかによって、人の心は大きく変わります。

私の友人は東京で一人暮らしをしていますが、隣人ともども在宅ワークになったことで、音に関する苦情が頻繁に来るようになったそうです。壁を蹴ってきて、ちょっと怖いということで、お引越しました。こういうトラブルを抱えている人はたくさんいるのではないでしょうか。

**コロナは、今まで目に見えていなかった様々な問題を浮き彫りにしました。**夫婦の関係、家族の在り方、日々の暮らし方、仕事との向き合い方など。自分の中で気付いたことが、何かしらあると思います。

だから、むしろ今はチャンスです。片づけをしていると、言葉にできなかった気持ちや考えがどんどん整理されていきます。

今こそ、先延ばししていた「片づけ」に取り組み、根本的な問題を解決し、暮らしの土台を整える時なのです。

Reason 5

# 万一、自然災害が起きたら、「片づけ」が生死を分ける！

今回のコロナ禍で、「もしも、は本当に起きる」「世界はある日を境に一変する」ということを、初めて自分ごととして感じた人も多かったと思います。

備えるべきはコロナによるパンデミックだけではありません。台風や大雨などの災害も増えていますし、地震だっていつ起きるかわかりません。日本は災害大国なので、そういった自然災害にも備える必要があります。

生徒さんの一人は、阪神淡路大震災が起きた時に、たまたまこたつで寝ていて助かったそうです。普段は、タンスに囲まれた万年床で寝ていたそうなので、ぞっとしました。

たしかに、昔の家は和室が多かったですし、タンスを置くのが当たり前でしたが、現代の家は、タンスを置かなくて済むように収納が造りつけられています。**もしもクローゼットがあるのにタンスを置いている方がいたら、そのタンスの中に入っているのは本当に必**

**要なモノか検証してみてくださいね。**命より大事なモノはありません。使わないモノを入れるために、家具を置くという考えは捨てましょう。

廊下に荷物を置いておくのも危険です。あるお宅は、廊下に本棚を並べていました。でも、地震が起きたらそれが倒れてきて通路がふさがれてしまいます。火事が起きたら、すぐに逃げられなくて命を落としてしまうかもしれません。

## 書類が片づいていないと危険！　財産を管理できない

また命のリスクばかりではありません。お金のリスクもあります。

広島に住んでいる生徒さんのお宅は、土砂崩れが起こりやすい地帯です。最近も大雨が降った時にずっと警報が鳴っていて、とても焦《あせ》ったそうです。「いらないモノはいっぱいあるけど備蓄がないし。避難所へ行くにしても用意がまったくできていません。お金の管理もできていないから、何を持って行けばいいかわからなくて……」。

このようなお悩みはよく耳にします。**片づけられない方は、財産やお金の管理も苦手な方が多い**ように思います。それでは緊急時にも必要なモノをすぐに持ち出すことができません。

私は不動産業を営んでいる関係で保険も扱っているのですが、自分の家が入っている保険を知らない方が大勢いらっしゃいます。

トークイベントなどで「水災に入ってますか?」「風災に入ってますか?」とお聞きすると、入っているかどうかも、よくご存知ない方が多いのです。

それもこれも、書類の整理方法がわからないから、いざという時のことを考える余裕もないのだと思います。

どこに何が入っているかわからないと困るのは、自然災害の時ばかりではありません。例えば、家族で外出している時、子どもがケガをしたり具合が悪くなったりして病院へ駆け込んだとします。その時、「じゃ、お父さん、この子の保険証をとってきて」と、任せられますか? 「どこにある?」「押入れの、荷物の後ろにあるカラーボックスの、なんか、かわいい箱に入ってる……」「うーんわからない」と、なってしまうのではないでしょうか。あなた自身が病気になった場合はもっと大変ですよね。

**家族みんなが、どこに何があるかわからない状態だと様々なリスクが発生します。**

**今、片づけないと、**
**・必要なモノを備蓄できない！**
**・在宅時代の暮らしに対応できない！**
**・いざという時に命を守れない！**

ということです。**でも、今、散らかった家に住んでいて不安になった方も大丈夫です。**

どんなに散らかっていても、今まで何度もリバウンドしている人でも、この本の方法なら、今度こそ必ず片づけに成功し、暮らしを整えることができます。

そして、もう二度と散らかることはありません。

暮らしが整えば、パンデミックや災害などの目に見えるリスクだけでなく、「人生のリスク」にも備えることができます。

これからひとつずつ、そのやり方をご紹介していきます。

一度やったら一生散らからない、最後の片づけを始めましょう！

# 第1章

# 片づけは「部屋割り」から始める

Rule 01

# 「パブリック（家族）」と「プライベート（個人）」のスペースを分ける

前章でも書いてきたように、コロナを境に、家の役割はガラッと変わりました。急に在宅ワークが始まって、家が職場にもなり、家にいる家族の人数も増えました。

これまでは、リビングは家族がくつろぐ場所＝パブリックスペースだったのに、急遽お父さんがリビングで仕事をすることになり、そこがお父さんの書斎＝プライベートスペースのようになって、くつろげなくなっているご家庭も多いと耳にします。

でも、そうやってパブリックとプライベートがあいまいになると、部屋はどんどん散らかってしまいます。

もともと、私の片づけ法では、最初に、「パブリックスペース」と「プライベートスペース」をしっかり分けるのが一番大事だと言ってきました。

実は、**片づけてもリバウンドしてしまうという原因の多くは、「パブリック」と「プライベート」を分けて部屋割りをしていないことにある**のです。そこで、改めて、「パブリックスペース」と「プライベートスペース」の考え方をご紹介します。

**パブリックスペースというのは、家族みんなで使う場所**のことです。具体的には、リビングや、キッチン、洗面所、お風呂などの水回り、玄関を指します。

一方、**プライベートスペースというのは個室**のこと。夫婦の寝室や子ども部屋、書斎などを指します。書斎がない場合は、寝室のみが夫婦のプライベートスペースになりますし、子どもたちもそれぞれが個室を得るのが難しい場合は、一部屋の半分など「そこはその人の場所」と、きっちり分けた場所のことを言います。

パブリックスペースには、家族みんなで使うモノしか置きません。個人の所有物は、必ず個人の部屋や個人のスペースに置きます。

パブリックのスペースは、ついついバッグを床に置いたり、脱いだ服をイスにかけたり、書類をダイニングテーブルの上にのせてしまったりするので、個人のモノが散らかりやすいですよね。

でも、それをせずに「パブリックスペースに個人のモノは置かない。個人の場所へ」を徹底することで、パブリックスペースはずっときれいなまま保てるのです。

また収納も、パブリックスペースに収納するのは、基本的にみんなで使うモノだけです。キッチンツールや工具、洗濯、掃除などの家事グッズ、また今後必要になってくる備蓄品なども、基本的にはパブリックスペースに収納します。

一方、個人の仕事道具、洋服、本などは基本的にはプライベートスペースに収納します。ただし、部屋数も収納も限りがありますから、どうしてもプライベートスペースが捻《ねん》出《しゅつ》できないおうちもありますよね。そういう時は、パブリックスペースの収納の一部を「ママゾーン」「パパゾーン」などと区切り、個人所有のモノを入れることもあります。

私の片づけ法では、この**「パブリック」と「プライベート」を分け、個人のモノは個人のプライベートゾーンで管理するという考え方が大前提。**まずはそこを押さえてください。

「パブリックスペース」と「プライベートスペース」とは？

| 【パブリックスペース】 | 【プライベートスペース】 |
|---|---|
| ・リビング<br>・キッチン<br>・洗面所<br>・お風呂<br>・トイレ<br>・玄関<br>・ベランダ | ・夫婦の寝室<br>・子ども部屋<br>・書斎 |
| **家族みんなで使うモノを置く、収納する** | **個人の持ちモノを置く、収納する** |
| ・家電、季節用品、防災用品、文房具、工具、薬、衛生用品、掃除道具、書類など<br>・調理用品<br>・洗面・バス用品<br>・トイレグッズ<br>・備蓄品<br>・家族のエンタメグッズなど | ・仕事道具<br>・遊び道具<br>・勉強道具<br>・趣味の道具<br>・書籍<br>・洋服　など |
|  |  |

Rule 02

# 「部屋割り」を見直すだけで、部屋は片づく

パブリックスペースと、プライベートスペースの考え方を取り入れた時に、重要になってくるのが、そもそもの**「部屋割り」**です。部屋割りというのは、夫婦の寝室がどこか、子ども部屋がどこか、という、部屋の割り振り方のことを言います。つまり、これによって、どの部屋がパブリックスペースで、どこが誰のプライベートスペースなのかが決まるということです。

左の間取り図を見てください。4人家族で、幼稚園か保育園くらいの子どもが2人いるとします。あなたなら、どの部屋を、どのように割り振りますか？

一番多いパターンはこうです。広いほうの洋室（③）を寝室とし、家族みんなで布団を敷いて寝ます。もう一方の洋室（④）は、最初はお父さんの書斎だったのが、いつの間にか物置化。そして、リビング横の和室（②）は子どもの遊び場になっています。

3LDK・4人家族：どのように部屋割りをする？

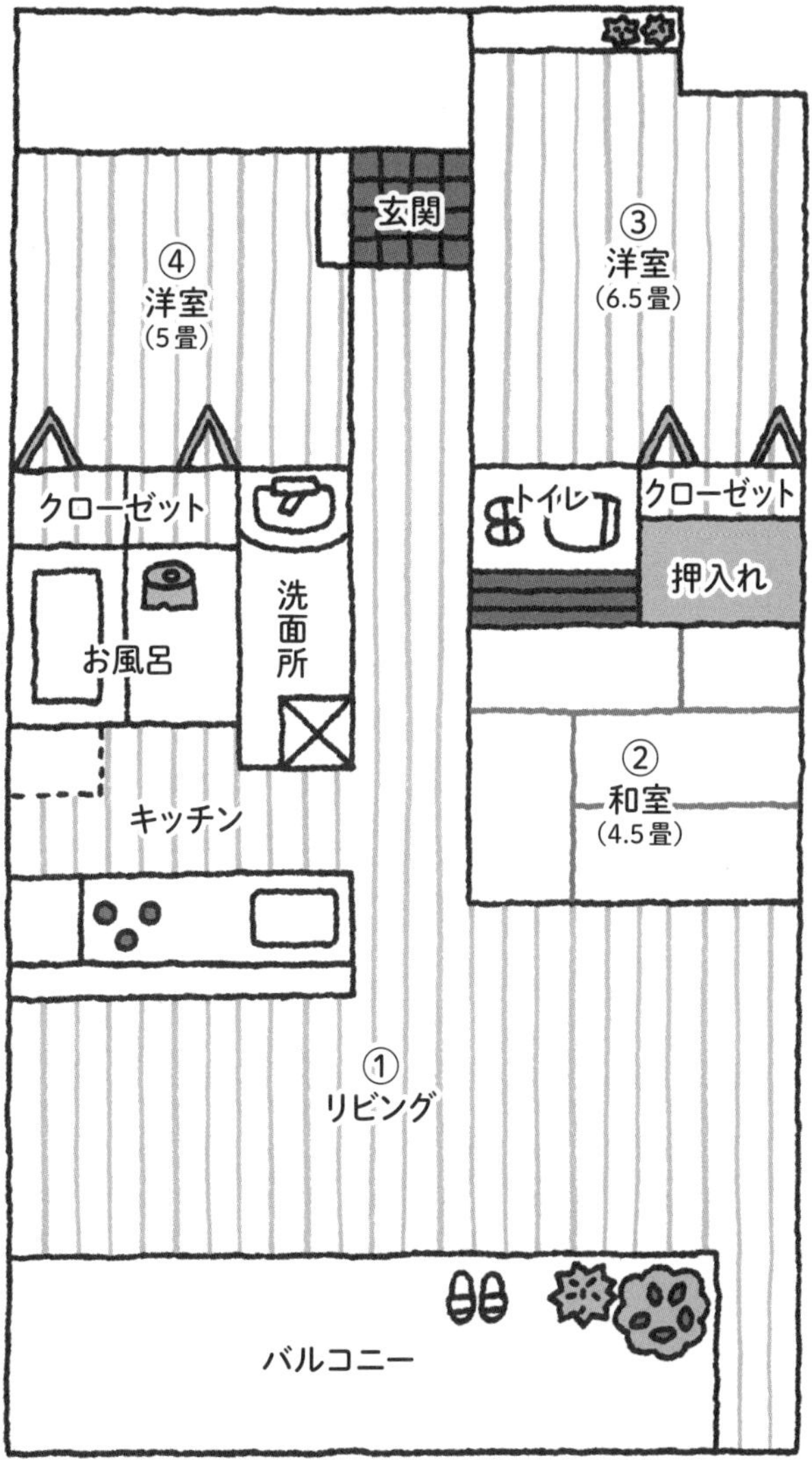

たしかに、子どもが小さいうちは、家族で一緒に寝ているほうが安心かもしれませんし、お母さんが料理をしている間に、子どもを和室で遊ばせておけば、様子がわかるので助かりますよね。でも、そうすると家がどんどん散らかります。

「おもちゃで遊ぶのは隣の和室だけ」と決めておいたとしても、だんだんリビングにもおもちゃが進出していきます。その結果、リビングも隣の和室も子ども関係のモノが増え子ども部屋状態になります。そうして、おもちゃも子ども服も、将来の子ども部屋に収納できる量を超えてしまいます。

家族4人で寝ている洋室も、布団を入れるスペースがないため、布団は敷きっぱなしになります。和室の押入れは子どものおもちゃでいっぱいに。そして、家族の様々な持ちモノは、物置部屋（元書斎）に放り込まれ、ここも部屋として機能しなくなります。

つまり**この部屋割りでは、「パブリックスペース」と「プライベートスペース」がごちゃごちゃになっている**のです。

本来、この間取りなら部屋割りは次のようにするのが正解です。

**①リビング↓家族がくつろぐ空間（パブリックスペース）**
**②和室↓家族みんなで使うリビングの延長（パブリックスペース）**
**③6・5畳の洋室↓子ども2人の部屋（子どものプライベートスペース）**
**④5畳の洋室↓夫婦の寝室（夫婦のプライベートスペース）**

考え方としては、まず、収納が大きな個室を夫婦の寝室として使います。そして夫婦の持ちモノは寝室にすべて入れます。

そして、6・5畳の洋室を子ども部屋にします。おもちゃや勉強道具は子ども部屋にしまいます。リビングで遊んだり勉強したい時は、カゴなどに入れてに持ってきます。

**現代の住まいは、本来、モデルルーム通りの部屋割りで使うのが一番、散らかりにくく生活できるようになっています。**西洋式の住み方が叶えられるように、使い方まで想定して設計されている場合がほとんどだからです。ですので部屋割りに迷った時は、その基本に立ち返ることが重要です。

ここで紹介した間取り図は、実際の生徒さんのEさんのおうちです。部屋割りを変えて片づけをすることで、Eさんの家がどのように変わったかまずは見てください。

部屋割りを見直せば、家全体がすっきり片づく

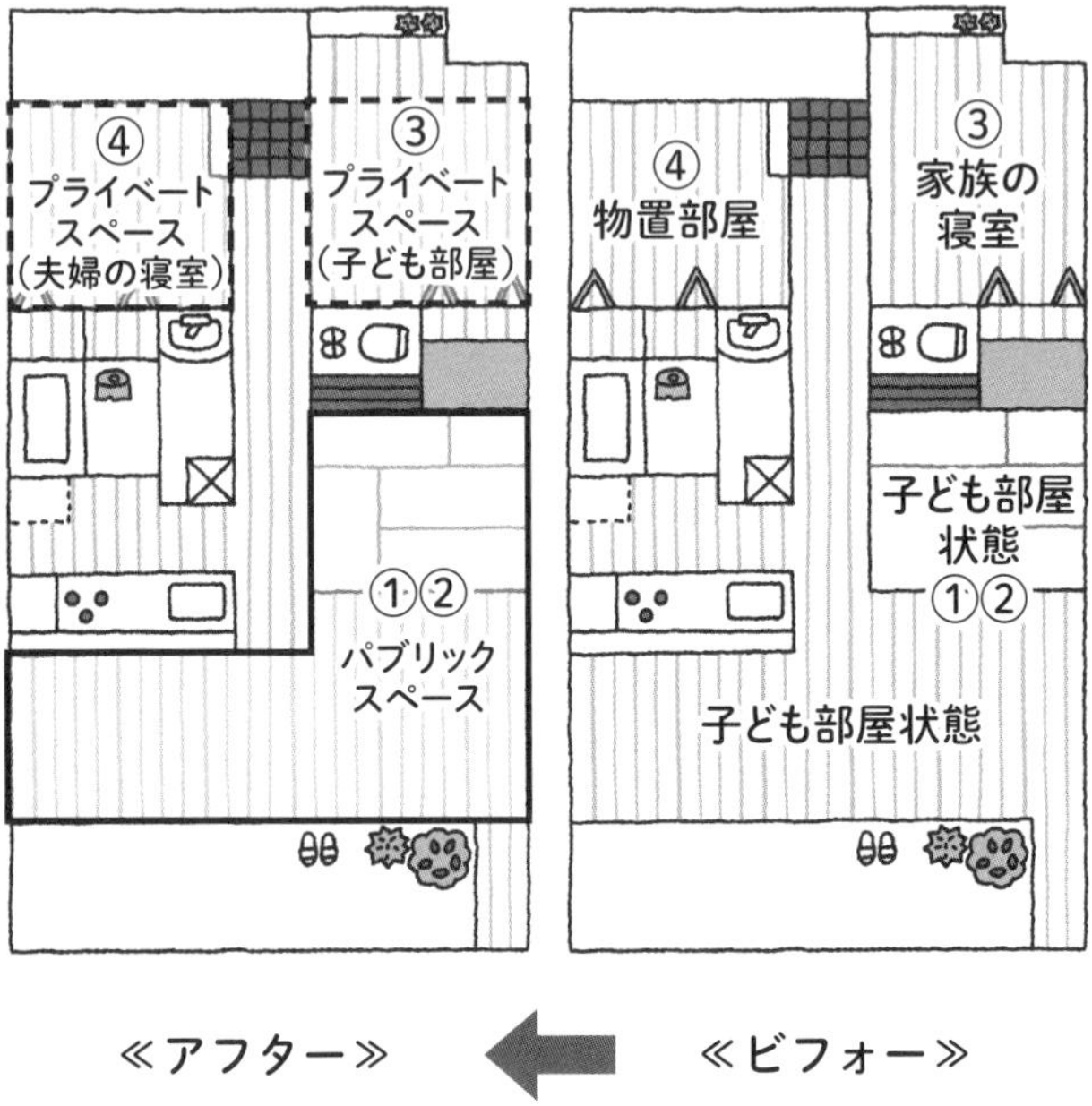


設計に従った素直な部屋割りに変更し、5畳の洋室は夫婦の寝室に。6.5畳の洋室は子ども部屋に。リビングと和室はパブリックスペースになりました。和室もパブリックスペースにすることで広々としたくつろぎの空間が手に入ります。

くつろぎの場であるリビングと和室は子ども部屋状態。6.5畳の洋室は家族の寝室。5畳の洋室は家族みんなのモノが押し込められた物置。結局、3LDKのスペース全てが、家族共用で使うパブリックスペースと化しています。

## ①②リビングと和室はこう変わった！

おもちゃや洋服がいっぱいでごちゃごちゃ
Before

子どものモノは子ども部屋に移動
After

## ③洋室(6.5畳)は家族の寝室→子ども部屋に

すのこの上の
家族の布団は
万年床状態

Before

ベッドに替え、
シンプル・清潔な
子ども部屋に!

After

窓際にはお下がりの洋服が大量に置かれていましたが、着たいと思えるモノだけを厳選してクローゼットに収納。2歳と4歳の子ども部屋になりました。

### 洋室(6.5畳)のクローゼットの中はこう変わった！

大人と子どもの
洋服が無造作に
置かれている状態

Before

After

状態のよい子ども服
を厳選して収納

子ども部屋には子どものモノだけを置く、を徹底。一元管理をすることで適切な量を見極めるとともに、似たような服ばかり買うことも防げます。7割収納だから、洋服の出し入れもしやすそう。

## ④洋室（5畳）は物置部屋→夫婦の寝室に！

本や掃除道具が
押し込められて、
部屋として機能せず

Before

ぐっすり眠れる
夫婦の寝室に
大変身！

After

たまにお父さんが一人で寝るために置かれていたベッドは撤去し、夫婦で寝られるベッドを購入。売れるモノはお金に換え、それ以外のモノはほとんど処分。残したモノはリビングの共有スペースへ移しました。

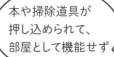

**洋室（5畳）のクローゼットの中はこう変わった！**

**Before**

**After**

本当に着ている洋服だけを残したら、こんなにすっきり。枕棚には収納ケースをパズルのようにぴったり収めて、スペースを有効に活用。ゆとりがあって服も見つけやすい美しいクローゼットになりました。

Rule 03

# 部屋もモノも「分ける」と散らからない

パブリックスペースとプライベートスペースの考え方をおわかりいただけましたでしょうか？　例えば、どんなに家が片づかない人でも、会社で「荷物が多いから、ロッカーを二つください」とはならないですよね。ロッカーは一人1個。荷物は、ここに入る分だけ。そういう風に「枠」が決まっているから、ロッカーから荷物があふれることはありません。

つまり、**自分の家でも、家族それぞれが、自分に与えられた「枠」を意識すること。自分の荷物はここに入るだけ。そう「決めてしまうこと」が大切**なのです。

子どもは子どもの部屋で、夫婦は夫婦の寝室で寝る。夫婦のプライベートの持ちモノは夫婦の寝室の中に収める。そうやってしっかり部屋割りをして、それぞれの枠を意識して生活すれば、モノがあふれることはないのです。

大学の寮生活を想像してみてください。隣の部屋に自分の荷物を置く学生はいませんよね。「ここが私のスペース」と決めてしまえば、片づけが苦手という人も含め、誰もが本当はその範囲内で生活できるのです。

これは海外では徹底されています。でも、日本は子ども優先にしすぎることが多く、いたるところに子どものモノを置いてしまうからモノが増えてしまいます。

枠を意識できるようになると、部屋という枠だけではなく収納の枠も正しく把握できるので、衝動買いをしそうになっても「入りきらないから買うのはやめよう」と判断できるようになります。そうやって、「散らからない家」ができあがっていくのです。

## 子どもに「片づけ」を教えるだけで、何でもできる子に変身

スペースが分かれていると、散らかした時にも自分の責任だということがよくわかるので、責任感が芽生えます。そして、自分でちゃんと片づけたことで自己肯定感も生まれます。お母さんから「ありがとう、助かるよ」とか「自分一人でできたなんてすごいと思うよ」とか言われると、子どもも「もっとやろう!」と前むきになっていきます。

ある生徒さんの小学2年生の娘さんは、自分で洋服やおもちゃを片づけるのは当たり前。それだけにとどまらず、自分の部屋の加湿器をどかしてルンバを走らせて、ベッドには布団乾燥機をセットして、毎晩ふかふかの布団で寝ています。

散らかった部屋で知育玩具を与えるよりも、片づけの仕方を教えるほうが、いい教育になるような気がしています。そのほうが、お母さんもラクですよね。

## 家族みんなで寝ると、家が片づかなくなる

「子ども部屋と夫婦の寝室を別々にする」ということも、大きなポイントです。**子どもたちは子ども部屋で寝て、夫婦は夫婦の寝室で寝る**のです。家族4人で雑魚寝《ざこね》はしません。

私は、家族みんなで寝るという日本の文化は今の住宅環境では無理があると考えています。一緒に寝ていれば、子どもの夜泣きやトイレに対応しやすいですが、結局お母さんがずっと一人で面倒を見ることになりがちです。

また、子どもとお母さんが一緒に寝て、お父さんは一人で寝るのもおすすめしません。子どもが小さい時期だけのつもりが、いつしかそれが当たり前になり、夫婦が再び一緒の

寝室で寝ることが難しくなります。ある方は、子ども達が思春期を迎えた頃に部屋から追い出されて寝る場所がなくなりました。

そんなことにならないためにも、添い寝はやめて早くから「寝んトレ」をするのがおすすめです。私自身、寝んトレをされて育った人間で、母と一緒に寝た記憶はありません。半年から一年くらい頑張ったら、子どもは自分の部屋で眠るのが当たり前になって、トイレにも一人で行くようになります。子どもの自立心も育まれますし、長い目で見たら絶対にラクです。お母さんもぐっすり寝ることができます。

また、家族で寝ると、家が片づかなくなりがちです。雑魚寝をするということは、その部屋は家族共用の場になるということです。自分が散らかしたとしても、そこは家族みんなで使っているわけだから、自分の責任だという意識が薄れます。つまり、「枠」の意識が崩壊してしまうのです。

しかも、雑魚寝の場合は布団を敷いて寝ていることが多く、万年床になっているお宅がとても多いです。**万年床は、子どもの教育と健康にも良くない**と私は思っています。

小さいうちから布団を踏んづけて、汚れた布団も気にならない生活をしていると、きれいに片づけなさいと親に言われてもよくわからないのは当然です。

Rule 04

# 在宅ワークの場所はどこに作るのが正解か？

コロナ以降、頻繁に寄せられるようになったのが、**「在宅ワーク用の場所がなくて困っている」というお悩み**です。リビングで後ろに子どもや奥さんがいるなかweb会議をしたり、書斎があったとしてもそこが物置部屋になっていて使えないというケースが多いようです。

**仕事は、基本的には書斎などその人のプライベートスペースで行うのが前提**です。在宅ワークはただでさえ気持ちをオンに切り替えにくいので、集中できる環境を整えることが大切ですよね。書斎が物置化しているなら、そこを片づけて書斎として利用すればいいですが、日本の住宅事情では、書斎自体作れないことも多いと思います。

その場合は**夫婦のプライベートスペースである寝室の一角に書斎スペースを作ります。**例えば、「突っ張りデスクなどで書斎コーナーを作る」のです。

## 在宅ワークでまず必要なのは机よりもイス！

4月にレッスンを受けたFさんは、旦那様が在宅ワークになったため、急ごしらえで寝室に書斎コーナーを作ったという方。

とりあえず、大きな出窓があったため、そこの天板にパソコンを置き、カウンターチェアに座って、在宅ワークを始めたそうです。ただ、それだと壁に膝が当たるので、旦那様はイスの上であぐらをかいて仕事をしていて、腰痛に悩まされているとのこと。

そこで私は、まず**「イスをオフィス用のモノに替えましょう！」**とお伝えしました。私の夫は椎間板ヘルニアと脊柱管狭窄症の手術を10年ほど前にしたことがあるので、事務所で使うイスは、腰に負担がかからないように設計された、ちょっといいモノを使っています。でも、そのおかげでだいぶラクなようです。

Fさんのお宅の場合は、カウンターチェアであるうえ、不自然な体勢で仕事をされているので、腰が痛くなるのは当然だと思います。ですから、イスを買い替えることが先決。

でも、そうすると出窓部分ではお仕事ができなくなります。だから、机も買わなくてはいけません。ところがFさんは「寝室なので、地震が起きるとこわいから大きい家具は置きたくないです」とのこと。そこでおすすめしたのが、突っ張りデスクです。

## 寝室に書斎コーナーを作る場合は地震対策を

突っ張りデスクというのは、天井に突っ張って設置するので、地震が起きた際に転倒を防げるという優れものです。しかも、突っ張るためには高さを出す必要があるため、基本的には棚も合体しています。ですから、収納力も抜群です。

Fさんの寝室は、それまで大きい家具を置きたくないがために、カラーボックスが壁沿いにズラリと並んでいました。そこに布団を敷いて家族で雑魚寝をしていたそう。けれども、それでは突っ張りデスクやイスを置くスペースがないため、Fさんは覚悟を決めて、片づけを決行しました。

物置化していた部屋を息子さんの部屋にして、寝室は夫婦で使うと決めることによってスペースが生まれました。さらにカラーボックスも撤去。そして無事に、突っ張りデスク＋オフィス用のイスを置き、書斎スペースを作ることができたのです。

寝室の一角を書斎コーナーに

FREE FORM USE
不安定で疲れる。地震も怖い！

Before

長時間の仕事でも疲れない。地震対策もOK

After

Rule 05

# リビングでの仕事や勉強は、カフェでやっていると考える

寝室に書斎スペースを作るのが難しい場合は、リビングで仕事をすることになります。

ただし、**リビングの一角に書斎スペースを固定で作るのは、あまりおすすめしません。**

なぜなら、必ずそこから散らかっていくからです。

リビングに固定の書斎スペースがあると、その上に資料が広がったり、文房具が出しっぱなしだったりしても、仕事や勉強の途中だと片づけられません。そうして、パブリックスペースであるリビングの一角が散らかり始め、それに家族みんなが慣れてしまい、その結果、リビング全体、そして家全体が散らかっていきます。

ですので、**リビングで仕事をする場合は、カフェで仕事をする感覚**だと考えましょう。

自分のプライベートスペース（書斎もしくは寝室）から、必要なモノだけを持ってリビン

グ（パブリックスペース）へ行き、終わったら元の場所に荷物を片づける。

そうすれば絶対に散らかりません。

ちなみに、お子さんが勉強をする場合も、そのスタイルがおすすめです。「リビングで勉強をすると賢くなる」ということで、勉強机をリビングに置く方がいますが、散らかる原因になります。

**「リビング学習」をする場合は、子ども部屋から勉強道具を持ってきて勉強し、終わったら自分の部屋へ持ち帰る**のを習慣にしましょう。

子ども部屋にある
勉強道具を
BOXごと持って…

リビングで学習!
これなら絶対
散らからない

無印良品のファイルボックスやカバンなどに、必要なモノ一式を入れておくと持ち運びやすい。

私も、子どもたちと同居していたころは専

用の仕事部屋がなかったので、必要なモノを持ち運ぶスタイルでした。寝室から資料が入ったファイルボックスを一つ持ってリビングへ行って、終わったら寝室にしまうという流れです。みんながリビングで騒いでいる時は、調理スペースにパソコンを置いてキッチンで仕事をすることもありました。調理スペースに何も置いていないからこそ、できたことかもしれません。**すっきり片づいていると、家って、本当に柔軟に使うことができるんですよ。**

## 集中したい時は家にも「会議室制度」を！

もしも夫婦ともに在宅ワークで、机はリビングのモノを使うしかないという場合は、そこを一緒に使うことになります。

でも、一人で集中したい場合やｗｅｂ会議をすることもありますよね。そういう時は、「会議室の予約制」を取り入れるといいかもしれません。「10～12時はあなたで、12～14時は私ね」という感じです。そして、相手の予約が入っている時間帯は、他の部屋や、気候がよければベランダなどで仕事をするのです。スペースがないでしょうから、スタンディングになるかもしれませんが、そこは譲り合うしかありません。

いずれにしても、これらを実行できるかどうかは、**「身軽であること」がポイント**になってきます。色々な場所で仕事をする場合は、持ち運ぶ荷物が少ないほうがラクですよね。

だから、パソコンならデスクトップよりもノートのほうが便利ですし、資料や書類をデータ化したりクラウド化したりしておくことも重要です。

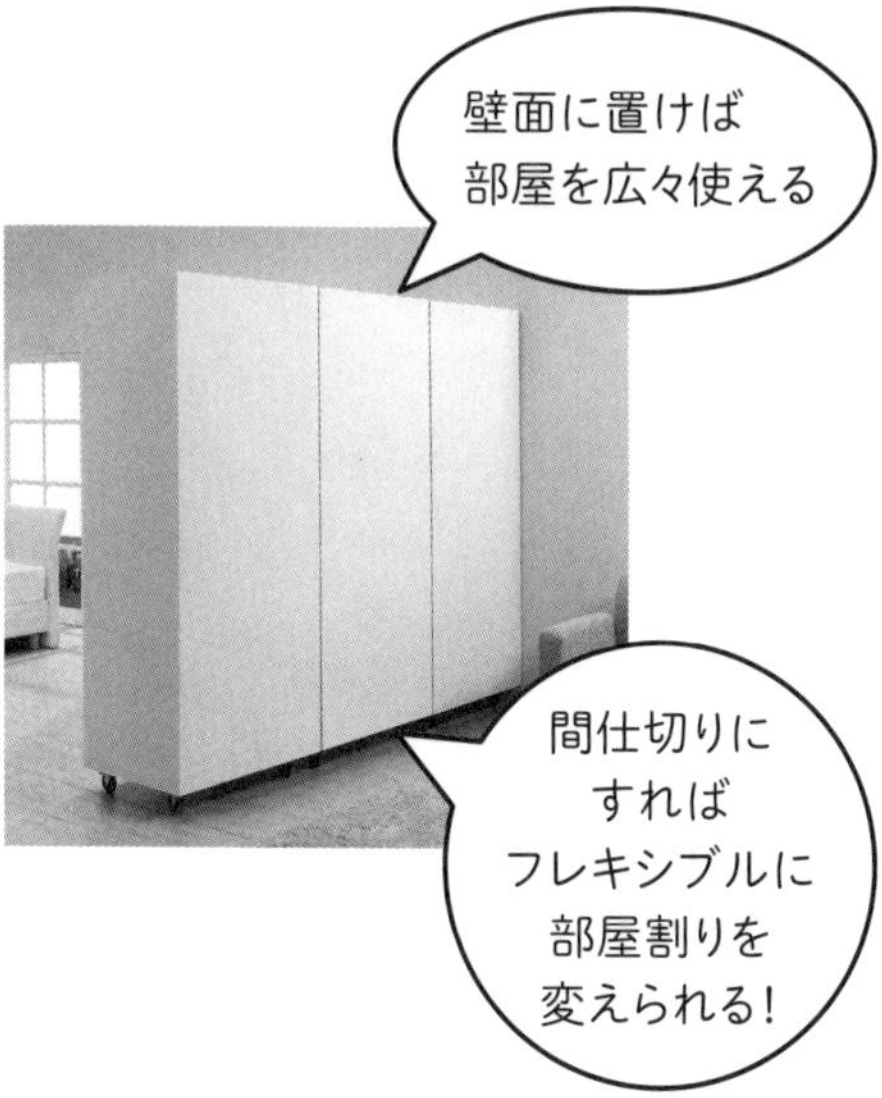
壁面に置けば
部屋を広々使える
間仕切りに
すれば
フレキシブルに
部屋割りを
変えられる!

キャスター付きなら移動もラクラク。背面も化粧板仕上げのモノを選ぶと、間仕切りとして使いやすい。

移動式間仕切りクローゼット 板扉タイプ・可動棚板4枚／ディノス https://www.dinos.co.jp/

また、もしみんながリビングにいる時にも、そこを仕事で使う機会が多いなら、収納家具を**「間仕切りにもなる移動式のモノ」**にするのもいいと思います。

お父さんが在宅ワークの時

は家具を移動して、間仕切りとして2畳ほどのスペースを作れば、web会議専用のスペースになります。そして、仕事が終われば家具を壁面に移動し、家族がくつろぐ大空間にする。

可動式の収納家具は、子どもが小さいうちは一部屋を大きく使い、年齢が上がれば家具を真ん中にして部屋を分けるなど、様々なシチュエーションに応じて、フレキシブルに部屋割りを変えることもできます。ネットで**「可動家具」と検索すると様々なメーカーで販売されています**ので、ご自宅に取り入れるのもいいかもしれません。

いずれにしても、重要なのは、「パブリックスペース」と「プライベートスペース」を分けて、個人のモノの本籍地は「プライベートスペース」であるという意識を家族それぞれが持つこと。「枠」を意識して、そこからはみ出る分は処分するという考え方を家族で共有することが大事です。

在宅ワークが多くなり、家の役割を多様化させねばならないコロナ後の時代こそ、この「部屋割り」の考え方を取り入れることが、さらに重要になってきます。

## Q1 「片づけたいのに片づけられない」モヤモヤ相談室①

**自分の家を好きになれないから、片づけをやる気になれません。**

（35歳 会社員 女性）

# A

ご自分でも原因はよくわからないけれど、自分のおうちを好きになれないんですね。

そういう場合は原因を見極めることが大切です。実は、**自分のおうちを好きになれない原因は三つに分けられる**んですよ。どれにあてはまるか考えてみてください。

**【原因1：モノが多すぎる】**

モノが多くて収納もギュウギュウだと、使ったモノを出し入れするのに神経を使い、疲れてしまいます。15分リセット（p181を参照）ができないようなら、モノの量を見直す必要があります。ざっくりラクにしまえるように、ゆとりある収納を目指しましょう。

**【原因2：掃除が不十分】**

出しっぱなしのモノはなく、すっきり片づいているのに、ホコリや水垢で鏡・蛇口のステンレス部分がくもり、汚れが目立っていませんか？　効率よくきれいを保つラク家事（第

5章を参照）を取り入れて、掃除がしやすい仕組みを確立しましょう。

**【原因3：インテリアが迷走している】**

片づけも掃除もできているのに、なんだかモヤモヤする場合は、インテリアに問題がある可能性が高いです。思い切って、模様替えをしてみましょう。最も部屋の印象が変わるのは床と壁。はがせるタイプのフロアマットを敷いたり、壁紙やカーテンを替えてみてはいかがでしょうか。カーテンの代わりに木製ブラインドにすると、部屋の印象が一気におしゃれになりますよ。電球の色を白から暖色系に替えるのも、部屋に温かみが出るのでおすすめです。

模様替えはお金がかかりますが、家を居心地のよい場所にすることは、心と体を健やかに保つための投資です。家にいる時間が増えた今だからこそ、自分の家を大好きな空間にしていきましょう。

# 第2章

# これで一生散らからない！家一軒が3日で生まれ変わる「片づけ合宿」

Rule 06

# 「家一軒」、自分たちで片づけるとリバウンドしない！

これまでお話ししてきたように、コロナを境に、在宅ワークが増えて部屋が足りなくなったり、「備蓄」のための収納がさらに必要になったりして、**「家の中のスペースが足りない」**と感じていらっしゃる方はとても多いと思います。

何をどのくらい「備蓄」しておく必要があるかは、第3章で、細かく説明していますが、命を守るのに最低限必要な3日分の水（一人1日3ℓ×3日＝9ℓ）だけでも4人家族なら36ℓ。2ℓのペットボトルで18本分のスペースが必要になります。

**家の大きさが変わらない以上、新たなスペースを生み出すためには、モノを「減らす」か、「コンパクト化」して省スペースにするしかありません。**

コロナ以降の新しい暮らしで、家族が快適に過ごすためには、まず最初に、必ず「片づけ」が必要なのです。

長期のお休みがあっても外に出かけられないような時期はまさにチャンスです。家族全員で片づけに取り組めば家族の絆《きずな》も深まります。先延ばしにしていた人もぜひ、このタイミングを利用して片づけをしてください。

片づける時に、ぜひやってほしいのが**「一軒まるごと片づける」ということ**です。これは私の片づけメソッドの特徴でもあります。ちょっと大変かもしれません。でも集中して取り組めば3日でできます。そして、どんなにモノがあふれている人でも、自分には無理だと思っている人でも必ず片づきます。しかも絶対にリバウンドしません。

**私のところに駆け込んでくる生徒さんは、すでに何度もいろいろな片づけ法に挑戦してうまくいかなかったり、リバウンドしたという方がほとんど**です。でも大丈夫です。みなさん、期間の差はあれ、必ずこの「自分で一軒まるごと片づける」メソッドで片づけに成功されています。

ある生徒さんは、片づけのプロの方に頼んでリビングをきれいにしていただいたそう。「これはいりますか？　いりませんか？」と聞かれて答える作業をひたすら繰り返し、「お子さんのモノがリビングにあると便利ですよね」と、カラーボックスにびしっと収納してもらったのですが、あっという間に散らかってしまいました。その後「もうどうしたらいいかわかりません」と、私のレッスンにお申し込みをされました。

実は、**この「家の一部分だけを片づける」ということが、リバウンドする最大の原因なのです。**

キッチンだけきれいにするとか、クローゼットだけきれいにするとか、その人が一番気になっている部分だけを片づけるのは、その時の状況に応じた、その場しのぎの片づけになりがちです。モノは流動的なので、1か所だけ片づけてもすぐに他の場所から押し寄せてきてしまいます。リバウンドしないためには、部屋割りを見直したり、パブリックスペースとプライベートスペースを分けたりして、もっと大掛かりに、根本から変える必要があるのです。

特に、**今のように、暮らし方が変化した時には、それをふまえない片づけは、ほぼ100%リバウンドします。**

家族全員で寝るのはそのまま。リビングに子どもの洋服やおもちゃがあるのもそのまま。そうすると、部屋の役割が定まっていないため、枠の意識も生まれずモノが増え続けますし、散らかしている人の責任もあいまいになります。

そして、すっきり片づいた状態は、すぐに崩壊してしまうのです。

## プロに「丸投げ」するのはよくない

また、整理収納の**プロに何もかもお任せするというのも、リバウンドしやすい一因**となります。


以前、こんなことがありました。

生徒さんと私が一緒に片づけをしている時に、ハンカチの山が出てきたんですね。そして、生徒さんは頑張って、その山の中から必要なハンカチを選び、引き出しにきれいに並べたんです。ところが、片づけを進めていたら、忘れていた場所からまたハンカチの山が出てきたのです。せっかくきれいに収納したのに、もうイヤになってしまいますよね。

それで彼女は、「もういいです。これ全部捨てます！」と言って、そのままゴミ袋に入れていました。

でも、これがもし、プロにお任せしていたらどうでしょう。

「いりますか？　いりませんか？」と確認してくださると思うので、彼女は言われたままに判断するでしょうし、収納するのもプロの役目です。せっかくきれいに収納したモノをもう一度やり直さなければいけないという負担が、本人にかかることはありません。その結果、本来は処分できるはずのモノが家に居残り、リバウンドしやすくなってしまうのです。

もちろん、整理収納のプロに一任して、うまくいくこともたくさんありますし、この本で紹介している通りにプロの方に全出しなどの作業だけをお願いするのであれば、片づけはうまくいきます。実際、片づけは力仕事も伴うので、妊婦さんやご年配の生徒さんは、LINEレッスンで私が伝えた通りに作業してくださる家事代行サービスを利用しています。

とはいえ、何度もリバウンドをしている方や、片づけが苦手だと自覚している方は、やっぱり**自分で汗をかいて、身を切る思いを味わいながら行う方が、成功しやすい**ように思います。

ですから、家族みんなで協力して〝自分たちで〟やることが大事なのです。

家族みんなで片づけることが大事！

そんなに散らかって
ないように見えるが

Before

## Gさん邸
## （キッチン片づけ風景）

旦那様が料理好きで、キッチングッズがいっぱい。「全部必要」と何も捨てられずにいましたが、キッチンにあるモノを全部出してみたところ、「こんなにあっても使えないよね」と、鍋や道具を手放すことに成功。「面白かった！」と、家族みんなで楽しく取り組んでいました。

新築のように
美しいキッチンに

After

モノを全出ししたら
こんなにいっぱい！

≪片づけ中≫

Rule 07

# 「合宿」気分で取り組めば、たった3日でスッキリ片づく

一軒まるごと片づけるのは、相当なエネルギーがいります。でも、正しい順序で行えば、**どんなに散らかった家でも最短3日間あればすっきり片づいた家に生まれ変わります。**

3日連続で時間がとれない場合は、のべ3日間で構いません。でも、できるだけ1日目と2日目は連続させることをおすすめしています。読み進めていただくとわかりますが、1日目の最後は、部屋の中がごちゃごちゃになるからです！

ある生徒さんの旦那様は、あまりのごちゃごちゃぶりに嫌気が差して一晩逃亡したほどです（笑）。その状態で生活するのは大変なので、なるべく土日やお休みの日をまるまる片づけにあてていただければと思います。

そして、この3日間は非日常的な時間だと考えてください。大掛かりな片づけをしてい

る時に、料理や洗濯など、いつも通りの家事なんてできっこありません。ですから、この期間は料理も家事もしなくてOK！　そのかわり、**家族で「合宿」をしているような気持ちを共有し、真剣かつワクワクした気持ちで取り組んでくださいね。**

新しい暮らしのための**「片づけ合宿」は、ちょっとしたイベントにしてもいい**と思うんです。在宅で家族の関係が悪くなりがちな時に、家族みんなでひとつの目標にむかって努力するのは、家族の絆を深めるのにも有効です。

特に子どもたちは、すごく楽しみながら取り組んでくれます。子ども部屋が片づいて、「お昼はマクドにしようか」と言うと、「やったー！」と喜んだり。

私の元には、「片づけ合宿」に取り組んだ生徒さんから、かわいいお子さんたちの動画が続々と来ています。

### 「片づけ合宿」の進め方

事前準備：作戦会議、頭の中で片づけ（p78〜87）
1日目：バックヤード（p88〜91）
2日目：キッチン、洗面所など（p92〜97）
3日目：リビング、玄関（p92〜97）

Rule 08

# 必ず、最初に家族で「作戦会議」を開く！

家一軒をまるごと片づけるために大切なのが、思考改革です。「うちは狭いしモノが多いから無理」「私は片づけられない病気なんだ」と諦めるのではなく、「絶対に今度こそ片づける！」と心を奮い立たせて、片づけるための強い動機を獲得する必要があります。

ですから、まずは作戦会議を開いて「なんのために片づけるのか？」ということを共有してください。**理想の暮らしや、なりたい自分の姿などを具体的にイメージする**のです。

そうやって、片づけの強い動機となるものを見つけて、ゴールを設定することができれば、途中でくじけそうになっても、初心にかえって乗り越えることができます。

家族会議を開くと、子どもたちは最初は「ふーん」という感じではありますが、友達が遊びに来られる、素敵なインテリアの部屋になるなど具体的な片づけ後のイメージを伝えてあげるとワクワクしてくるでしょう。子どもたちにしても旦那様にしても、家の中の、何か滞った状態を変えたいという気持ちは絶対にあるので、家族で話し合うことはとても大切です。

もちろん、俺は片づけなんかしないよという、冷ややかなご主人もいます。**その時は無理強いしなくて構いませんが、この家族会議にだけは参加してもらってください。**

誰ものってきてくれないからと言って、この家族会議を開かずに、一人だけで勝手に片づけを始めると、なかなかうまくいきません。「なんかお母さんが突然動き出した」となって、ずっと他人事になってしまいますし、片づけている当人も孤独で辛いです。

「家族は共同経営者だから幸せな未来のための片づけをしたい」と言葉で伝えてみましょう。言葉にすることで家族の意識が変わっていったご家庭はたくさんあります。

## 引っ越してきたばかりの気持ちで間取り図を見返す

家族会議の時には、ぜひ間取り図を見返してみてください。そうすると、「100ある状態から引いていくのではなく、ゼロから足していくこと」ができるからです。

片づけが苦手な人は、「家が狭いから片づかない」「収納スペースが少ないからモノがあふれる」と、家のせいにしていることがよくあります。

でも、**改めて間取り図を見ると、けっこう広いなと気付くことがある**んですよ。

それでもやっぱり狭いという場合は、**「この家に今日引っ越してきたとしたら、これからどんな部屋にするだろう。どこに何を置くだろう」**と、真っ白な気持ちで何もないところからモノを置くことをイメージしてみてください。なんだか楽しくないですか？

現状の、散らかった家を目にしていると、どうしても今あるモノを生かそうとしてしまいます。「この本棚はあっちに移動させよう」と、本当はいらないかもしれないのに、そのモノありきで考えます。そうすると片づかないんです。

でも、間取り図を見返してゼロベースで家をとらえることができれば、部屋割りを柔軟に決めることができますし、今の自分たちにとって本当に必要なモノだけを選ぶこともできます。私の片づけメソッドは、**不要なモノを捨てて間引いていくのではなく、本当に必要なモノだけを選んで、ゼロからプラスしていく**ものです。

家族会議で理想の暮らしをイメージしたら、「友達を呼べる家にする」など理想を書いてトイレに貼っておきましょう。トイレがいいのは、目立たないけれど、必ず目にするところだからです。家族に「ママ、本気だな！」と思わせるメリットもあります（笑）。

Rule 09

# 片づけたくない家族もやる気にさせる「魔法の声かけ」

片づけ合宿を成功させるためには、家族を巻き込み、一丸となって取り組むことが大切です。でも、**「家族が協力してくれない」というお悩みが実はとっても多い**のです。

最も厄介なのは、自称〝きれい好きで整理上手〟の旦那様。カメラやパソコンの空き箱、勉強のために必要という本、趣味の道具、まだ着られるという大量の服などでスペースを占領しているにもかかわらず、自分的には「きれいに片づいている」とおっしゃいます。

**旦那様のモノが多いせいで、奥様やお子さんのプライベートスペースが減り、収納しきれなくなっている**のに、「片づけができないのは君のほうだ！　俺は片づいている」と言う旦那様がなんと多いことか……。そんな、非協力的な旦那様や、あるいはお子さんでもついつい片づけたくなる魔法の言葉を紹介します。数多くの生徒さん宅を成功に導いた折り紙つきの言葉です。責めるのではなく寄り添うつもりで実践してみてください。

家族をやる気にさせる「魔法の声かけ」

## ≪夫婦間の声かけ≫

□不要品を売ったお金は自分のお小遣いにしていいよ
□あなたの両親や友人を招いて食事会をしない?
□あなたのスペースを作ってあげたいから片づけましょう
□天才肌のあなたはモノが多くても管理できるけど、凡人の私と子どもたちは雑然としてると疲れてくるので、場所を譲ってほしい
□誕生日プレゼントは何もいらないから、片づけを一緒にしてほしい
□家事をもっと効率化したいから仕組みを見直しましょう
□大切なモノは捨てなくていいから、どれくらいの服があるか全部出して確認してみよう
□古い服は捨てて、今度一緒に買い物に行こう
□お金を貯められる家にしよう
□(散らかっているほうが落ち着くという相手に対して)
散らかっているホテルと、きれいなホテル、どっちに泊まりたい?

## ≪子どもへの声かけ≫

□おもちゃを遊び別にチーム分けしてみよう
□友達が遊びに来られる家にしよう
□(インスタなどのオシャレな部屋の写真を見せながら)
どんなインテリアの部屋にしたい?
□ベッドを買ってインスタ映えする部屋にしてみない?

Rule 10

# 手を動かす前に「頭」の中で片づけてみる

家族会議を終えたら、合宿を始める前に「頭の中」で片づけをしておきます。

一般的な片づけは、実際にモノを手にとって、要・不要を判断し、ゴミ袋に入れていきますよね。つまり、要・不要を判断するために「頭」を使うのと同時に、モノを移動させたりゴミ袋に入れたりするために「体」も使っているんです。

実は、この**「頭と体を同時に使う」ということが、片づけを最後までやり通せない元凶**です。

要・不要を判断することは決断の連続のため、頭が非常に疲れますし、「いるかな？やっぱりいらないかな？」と右往左往することで無駄な動作も増え、体も必要以上に疲れます。それは、地図がない状態でゴールを目指すようなものです。

時間もすごくかかるので、せっかく一日頑張っても段ボール一箱分しか終わっていないということになりかねません。これでは、どんなにやる気があっても、なかなかモチベーションを維持できないのではないでしょうか。

なので、**頭と体の片づけを分け、まずは頭の中で片づけをしておくことが大切**です。

具体的にはこうします。

**①部屋の写真を撮る**（引きで四方から）
**②バックヤード**（押入れ・クローゼットなどの収納）**の写真を撮る**
**③おしゃれなカフェなどで、撮った写真を見ながら、いるモノに○、いらないモノに×をつけていく**

押入れの奥にあるモノや、引き出しの中にあるモノまでは写りませんが、すべてを写真に収めるのは大変なので、ざっくりで構いません。

そして、インテリアが素敵なおしゃれなカフェなどで、要・不要をチェックしていきます。

**散らかった部屋だと思考が停止する**ので、頭の中でする片づけは、すっきり美しい場所で、のんびりした気持ちで行うのがおすすめです。忙しくてなかなか時間がとれない方は、通勤の電車内で行うのもいいと思います。

## 写真で自分の家を見るだけで、片づけ上手になれる

見慣れた我が家も、写真を通して見ると、「こんなにごちゃごちゃしてたっけ?」「この本棚がなければ、だいぶすっきりするのに」など、色々と気付くことがあります。

テレビや動画などで他人の片づけを見ると、「なんであんなに大量の紙袋を溜め込んでいるのかな」「あの家具がなければすっきりするのに」などと思うことはありませんか?

そう、片づけが苦手という人でも知らない人の家だと客観的に「こうしたらいい」というアドバイスができます。あの感覚を自分の家に当てはめてやってみるのです。

そうすると、今までは「処分する」なんて発想すらしなかったモノが、「もしかしてなくてもいいかも」と、違う視点でとらえられるようになります。

ですから、**いきなりモノを動かす前に、家中の部屋と収納の写真を撮りましょう。**

おもしろいことに、LINEレッスンで「リビングの写真を撮って送ってください」とお伝えすると、片づけ前の生徒さんはみなさん、寄りの写真を送ってこられます。

リビング全体を引きで撮るのではなく、ダイニングテーブルだったり、本棚の一部分だったり、自分が気になっている部分だけを撮影してしまうのです。つまり、視野が狭くなっているのです。

その感覚で片づけを頑張ろうとしても、カラーボックスの1段目と2段目を入れ替える、引き出しの中の仕切りをいじる、というような、小さな枠での片づけに終始してしまいます。けれど本当は、もっと**引きで物事をとらえて片づけをする必要がある**のです。部屋割りの見直しや、パブリックスペースとプライベートスペースを分けるというような、根本的なところにメスを入れるということです。

部屋やバックヤードの写真を撮ることは、頭の中で片づけを進められるようになるだけではなく、自分の家を客観的にとらえ、問題を俯瞰《ふかん》で見る練習にもなるんですよ。

## とりあえず不要なモノにシールを貼っておく

「片づけ合宿」までにすること

**≪家族会議を開く≫**

□思考改革をする
・理想の暮らしを具体的にイメージする
・間取り図を見返す
・部屋の写真を撮る
・部屋割りを見直す
・理想の暮らしを文字にしてトイレに貼る

□合宿の日程を決める
・ 短期集中がおすすめなので、目標は3日
難しい場合は、いつまでに終えるかを決めて
カレンダーに記入する
・大まかなタイムスケジュールを書き出す
・モノの捨て方を調べる（巻末リストも参照）
・大型ゴミの日なども考えて決めるとよい

**≪頭の中で片づけをする≫**

□処分するモノにシールを貼る

頭の中で片づけを終えたら、隙間時間を使って、見える部分の不要なモノに赤いシールなどを貼っておきましょう。

そうすれば、片づけ合宿の時には、家族全員よーいドンで、赤いシールが貼られたモノをどんどん処分することができます。機械的に体を動かせばいいだけなので、劇的に片づけが進みますよ。

余裕があれば、**「売るモノ」「捨てるモノ」「あげるモノ」など、シールの色を分けておく**と、よりスムーズです。

Rule 11

# 最初は、「バックヤード（収納）」の「全出し」から

さて、合宿本番。1日目に取り掛かるのは、**バックヤードに入っているモノを全出しすることです。**バックヤードというのは、押入れやクローゼットなど、造りつけの収納のこと。〝物置部屋〟と化している部屋も、物置同然なのでバックヤードに含まれます。**バックヤード＝大容量で何でも入る場所**だと思ってください。まずは、ここに入っているモノを全部出します。

「え～！」という声が聞こえてきそうですね。

たしかに、全出しするのは大変ですし、「まずは先に部屋に散乱しているモノを片づけたいんだけど……」というお気持ちもよくわかります。

でも、これこそが、片づけ合宿を成功させる肝なんですよ。

合宿形式という限られた時間内で、**モチベーションを維持しつつ、スピーディに片づけ**

**るためには、片づける場所の順番が非常に大切**です。

部屋に散乱している、読みかけの本や脱いだ服、子どもの勉強道具などは、ふだんからよく使っているモノだと思います。

対して、バックヤードにあるモノは、季節のアイテムや思い出グッズ、あるいは住所が決められずに押し込まれたモノなどではないでしょうか。

つまり、**散らかっている家というのは、よく使うモノが出しっぱなしになっていて、あまり使わないモノがバックヤードに収納されている**ということ。逆を言うと、あまり使わないモノがバックヤードを占領しているせいで、よく使うモノが行き場をなくし、出しっぱなしになっているのです。

ですから、まずはバックヤードの不要なモノを処分することが大切。そうやってスペースを空けることで初めて、ふだん使っているモノや備蓄品を収納できるようになるんです。「お宝が出てきたらいいな〜」と、ワクワクした気持ちで全出しをしましょう。

バックヤードのモノを全出しするメリットは、

**①吹っ切れポイントを突破できる**（減らす覚悟ができる）

**②忘れていたモノと対面できる**（忘れていたモノは処分しやすい）
**③収納場所の大きさがわかる**
ということです。

## 「全出し」で吹っ切れポイントを突破すると速い！

全出しをするのは大変です。足の踏み場がなくなりますし、体も疲れます。見た目もぐちゃぐちゃになって、気分が滅入ってきます。

でも、それがいいんです！

**一度出してしまったモノは、処分するか、戻すか、どちらかしか道はありません。**

戻すのって、めちゃくちゃ面倒くさいと思いませんか？　せっかく出したモノをまた戻すんですよ？　しかも、戻すからには住所も決めなくてはいけません。

そうすると、「使っていないモノは手放したほうが速い」と徐々に気付いてきます。「また使うかもしれないから一応とっておこうかな」くらいのモノは、わざわざ住所を決めたり、元に戻したりするより手放そうと思うようになります。

**それが、吹っ切れポイントを突破した瞬間**です。

一度突破すると、速いですよ～。

しかも、事前に頭の中で捨てるモノをある程度決めていますからね。どんどんバックヤードにスペースが生まれていき、モチベーションが上がります。

また、ほとんどの方は、バックヤードに何があるか把握しているつもりでも、全出しをしていると忘れていたモノと対面することになります。事前に撮った写真にも写らず、記憶からも消えていたモノたちです。よくあるのは、結婚式関連のモノです。ドロドロに溶けたキャンドルや、中身が空っぽのご祝儀袋など。その当時は大切だったモノでも、時間が経過すると価値が変化することもありますよね。そういう、存在を忘れていたモノは処分する候補に挙がります。なくても困らなかったのですから、今後も困ることはありません。忘れていた事実を受け入れて処分すれば、片づけがはかどりますよ。

ただし、書類を発見した場合は、段ボールや紙袋などに入れてよけておいてください。**書類は、総仕上げとして一番最後に片づけます。**詳しい方法は第6章で説明します。

そして、全出しをして収納が空っぽになった暁には、しっかりサイズを測っておきましょう。収納ケースを購入する際に必要になります。

Rule 12

# リビングを片づけるのは、一番最後でいい

バックヤードを全出しして、要・不要を判断し、不要なモノは処分します。要と判断したモノは、チーム分けします。まだ、しまわなくていいですよ。子どものモノ、夫のモノ、自分のモノ、家族共用のモノというように分けて紙袋などに入れ、事前に家族で決めた部屋割り、スペース割りに従って、本来いくべき場所に仮置きします。物置のような一番大きなバックヤードが終わったら、寝室、子ども部屋などプライベートスペースやリビングにある作り付けのバックヤードのモノも全出しします。そして、不要なモノを捨て、必要なモノを本来いくべき部屋の収納場所に仮置きします。

ポイントは、**「その部屋のバックヤードにあるべきではないモノを、正しい場所に戻す」**ということです。それを行うために、家のあちこちに散乱している同じチームのモノを、バックヤードから引っ張り出してきているのです。

こうすることによって、いかに同じチームのモノをたくさん持ち、収納の枠を超えてしまっていたかを知ることができます。「子ども部屋は4畳半なのに、こんなにおもちゃがあったら、そりゃあ入りきらないよ」ということが、わかるようになるのです。

これは、一部分だけの片づけでは得られない学びです。だからこそ、家族みんなで取り組むことが大切なんですよ。一人一人の意識が高まれば、それだけ片づいた家をキープしやすくなります。

## バックヤードを終えたら、水回り↓玄関・リビングの順で片づける

バックヤードの片づけを終えると、部屋の中がゴミであふれかえります。ゴミは家の中から出してしまうほうが達成感を得やすいので、可能な範囲で、ガレージやベランダなどによけておきましょう。そして、折を見てゴミ処理場へ運び入れたり、ゴミの回収業者に依頼したりして、すっきり感を味わってください。

合宿2日目、**バックヤードの次に片づけるのは、キッチン・洗面所・トイレなどの水回りです。**

①それぞれの収納の中にあるモノや散乱しているモノの要・不要を判断する
②要と判断したモノを適切な場所へ仮置きする（キッチンのモノはキッチンへ、洗面所のモノは洗面所へ、トイレのモノはトイレへ、それ以外のモノは共用部のバックヤードへ）

水回りには、思い出の品や貴重品など、心を揺さぶるモノはほとんどありません。「これはここで使う」という枠の意識をしっかり持って、モノを厳選していきましょう。

**そして、3日目、最後はいよいよ、玄関・リビングです。**

玄関はスペースが小さいうえ、収納の枠が明確なのでどんどん片づきますよ。

リビングは、さらに簡単。家にあふれかえっているモノのほとんどは、個人のモノです。ですから、バックヤードを全出しして、個人のモノを個人の部屋へ移動すると、パブリックスペースであるリビングにはほとんどモノがない状態に。拍子抜けするほど早く終わります。ただし、**書類の整理は最後に行うので紙袋などに入れて取っておきます。**

どこが本来の住所なのか迷った時には、左の表を参考にしてください。洗面所、玄関など、個人の靴や化粧品などが置かれているパブリックスペースも、最初はなるべく家族平等に収納「枠」を分けてください。もちろん、家族間でゆずり合うのはＯＫです。

### どこに何を収納する?

**【リビングに収納するモノ(家族共有で使用頻度が高いモノ)】**
文房具/工具/娯楽グッズ(ゲーム、トランプなど)/絵本/小銭/パソコン/読みかけの本/家族のアルバム/印鑑/薬/コード類/ホームファイリング(p222を参照)/衛生グッズ(つめ切り、耳かきなど)/スピーカー/デジタル機器の充電器/電池/今日の新聞/読み終わった新聞…etc.

**【押入れに収納するモノ(家族共有で使用頻度が低いモノ)】**
季節の家電(ストーブ、扇風機など)/防災用品/ストック/家電(掃除機、アイロンなど)/掃除道具/ミシン/季節のアイテム(クリスマスツリー、ひな人形など)/個人のオフシーズンのモノ(個人の部屋がない場合)…etc.

**【個室に収納するモノ(個人のモノ)】**
洋服/下着/パジャマ/小物(帽子、ベルト、靴下、ハンカチなど)/アクセサリー/オフシーズンのアイテム(洋服、小物、季節外布団など)/思い出グッズ(学生時代のアルバム、子どもの作品、賞状など)/趣味の物/冠婚葬祭用品/個人が使うバスタオル/本/学習用品/CD・DVD/おもちゃ…etc.

**【キッチンに収納するモノ】**
鍋/フライパン/食材(パン、麺類、乾物、小麦粉、お菓子、調味料、油、砂糖、塩、インスタント食品、ストック食品など)/キッチンツール(へら、おたま、菜箸、トングなど)/掃除グッズ(キッチン洗剤、ふきんなど)/下ごしらえのグッズ(ボウル、ザル、スライサー、包丁、バットなど)/まな板/保存容器/ラップ/アルミホイル/ゴミ袋/調理家電(ホットプレート、ミキサーなど)/お菓子作りグッズ/弁当箱/水筒/食器/カトラリー/使い捨てアイテム(割り箸、ストロー、紙皿、紙コップなど)/栓抜き/ワインオープナー/コーヒー/お茶セット/カセットボンベ/冷蔵庫で保存するモノ…etc.

**【洗面所に収納するモノ】**
歯ブラシ/歯磨き粉/化粧品/コンタクトレンズ/ヘアグッズ(ドライヤー、コテ、ブラシ、髪留め、ヘアケア用品など)/掃除道具(掃除用洗剤、ぞうきん、お掃除ワイパーなど)/ストック(シャンプー、洗剤など)…etc.

**【トイレに収納するモノ】**
トイレットペーパー/お掃除グッズ(トイレブラシ、トイレ用洗剤など)/生理用品…etc.

**【玄関に収納するモノ】**
靴/傘/消毒液/スリッパ/靴の手入れ用品/鍵/虫よけスプレー/印鑑(宅配便の受け取り用)/土のついたモノ(レジャーシート、ペットのお散歩グッズ、外遊び用のおもちゃなど)…etc.

「片づけ合宿」タイムスケジュール例

| | 10：00 | 11：00 | 12：00 | 13：00 |
|---|---|---|---|---|
| 1日目 | 明らかな不用品はあらかじめ捨て、家具ははじに寄せる<br>**・全出しのスペースを確保** | バックヤードに掃除機をかけてサイズを計測しておく<br>**・クローゼット、廊下収納、押入れのモノを全出し** | お昼は外食！外で作戦を練りつつ、リフレッシュ<br>**・お昼休憩** | はいけない学校・仕事室に置いて<br>**て各自の部屋** |
| 2日目 | モノを全て取り除いたら、シンクと壁をピカピカに磨く。「この状態をキープしたい」という気持ちが芽生えて、やる気がアップ！<br>**・キッチンのシンク側のモノを全出し** | | **・お昼休憩** | 食品の賞味期限チェックは子どもたちにお任せ<br>**・全出ししたモノを厳選** |
| 3日目 | ホームファイリング用のスペース（p222参照）を空けておく<br>**・リビングのモノを全出し&厳選** | | **・お昼休憩** | **・下駄箱の全出し&厳選** |

**Hさん邸**

・家族人数：4人
・住居：マンション
・間取り：3LDK

リビングに隣接した和室に、家族みんなで寝ています。部屋割りがないためリビングにモノが集中。子ども部屋を洋室1・2に作り、夫婦の寝室を和室に変更するべく、片づけ合宿を実施。

| 17：00 | 16：00 | 15：00 | 14：00 |
|---|---|---|---|

子ども部屋に置く収納家具がもし決まれば、ネットで注文しておく

思い出のモノや書類が出てきたら、ひとまず紙袋などにラベリングをしてよけておく

**・本、文房具、おもちゃなどを厳選して各自の部屋に仮置き**

絶対になくして
モノ（貴重品や
関連など）は浴
おく

**・洋服を厳選し
に仮置き**

ゴミは回収日までベランダやガレージに置いておく。家の中から外に出して、すっきり感を味わうことが大事

**・洗面所のモノを全出し&厳選**

疲れたらおやつ休憩を。甘いモノを用意しておくと◎

**・キッチンの食器棚側を全出し&厳選**

モノの量が把握できたら、仮置きしたモノを収納していく

収納家具は片づけ終了後に購入するのが基本だが、子ども部屋を優先的に完成させると、子どもが喜ぶので大人の励みになる

**・子ども部屋に置く収納家具を組み立てて、子ども部屋をほぼ完成させる**

Rule 13

# 不要なモノを捨てるのではなく、「今必要なモノだけを選ぶ」

簡単に流れを説明してきましたが、実際にやってみると、**いちばん難しいのは、これまでずっと取っておいたモノを「手放す」と決めること**だと思います。

先日、ある生徒さんが「子どもが幼稚園の時の洋服がどうしても捨てられないんです」と、LINEをくださいました。お子さん、もう結婚していらっしゃるのですが、ちょうど先週家を出て行ったから、寂しくて余計に捨てられない、涙が出ますとのこと。

「特に何が捨てられないの？」「どうしてそれが大切なの？」「何に困っているの？」と、質問をたくさんしました。質問攻めにされると、ご自身の中で問いかけられるので、自分の中でも矛盾に気付いていかれる方が多いのです。

**「それを持っていて幸せになるのは誰？」「それを持っていて何に活用したいの？」「散らかった部屋のままの老後生活は想像できますか？」**など、ちょっと意地悪な質問もするんですけど、それがあることによって、何かいいことがあるのかと考えていくと「ないですよね」と。会話を通じて言葉にできない自分の思いを書き出していくうちにお片づけスイッチが入られたようでした。

みなさん、片づけて家をきれいにして、理想の暮らしを手に入れたいと思っていらっしゃいます。それには、多すぎるモノを手放すしかないと頭ではわかっていらっしゃるんです。でも**「手放せない」のは、何かしらの理由があるん**ですよね。

モノを手放せない方というのは、それぞれのモノに思い出が刻まれていて、どれも同じくらい大切に思っています。とても優しくて、愛情深い方ばかりです。

だから、「スペースを生む大前提は、モノを手放すことです」と言われても、「手放せないからやっぱり片づけられないです」となって、そこで終わってしまいます。

でも、私の片づけは、とにかくたくさん捨てればいいというものではないんですよ。

「不要なモノを捨てる」のではなく、「必要なモノを選ぶ」のです。

片づけられない方というのは、押入れから存在を忘れていた、かわいい箱や布が出てきた時、「何に使おうかな？」と考えます。なんとかして、それを生かそうとするんです。

でも、よく考えてみればそれは、存在を忘れていたモノですから、なくても、生活にまったく支障はありませんよね。

ということは、それは今のあなたにとって「必要なモノ」ではなかったということ。「捨てる」と思うのではなく**「必要ないから手放す」**と考えてみてください。「捨てる」だけでなく、他の必要としている方に「ゆずる」「寄付する」という方法もあります。そうすれば、モノを手放しやすくなります。

## 「心の全出し」をすると、モノを手放せるようになる

実際に手放すことを決める時には、モノと向き合うことが必要になってきます。例えば、使っていないけどまた使うかもしれない家電。それが本当に必要なモノなのか。

でも、「う〜ん」とうなっているだけでは、なかなか答えは出ません。「もったいないなぁ」「粗大ゴミに出すのが面倒だなぁ」など、同じことがぐるぐる回って「まぁ、とりあえず取っておいてまた今度考えよう」と先送りにしてしまうことが多いです。

だからこういう時は、「心の全出し」をしましょう。「心の全出し」というのは、心の中

でこんがらがっている思いを整理する作業のことです。

私が片づけレッスンをさせていただく場合は、会話を通して行っていただくのですが、読者の方が自分で行う時は、紙に書き出してみるといいと思います。

□どうして捨てられない？
□これがあることで、私の理想の暮らしは叶う？
□これは「今の私」に必要？

こんなことを自分に問いかけながら、**胸にある思いを全部文字にする**んです。

すると、本当に必要なモノ以外に対しては、「捨てるのはもったいないけど、でも、必要なモノではないかもしれない」「なくても大丈夫そう」という気持ちになっていきます。

そして、泣く泣くモノを捨てるのではなく、必要ないから手放すという穏やかな気持ちで、片づけができるようになっていきます。

「自分にとって、必要か必要じゃないか」に迷った時の判断基準を次のページにあげておきます。もし、ご自身でどうしても決められない時があれば、目安にしてみてください。

## 手放したほうがいいモノ

### 即座に手放す！

- □ あなたの価値を下げるモノ（汚れたり、ヨレヨレになったりしている）
- □ 不快な気持ちがよみがえるモノ（嫌な思い出しかない学生時代のアルバム、フラれた交際相手からのプレゼント）
- □「これいると思いますか?」と人に聞きたくなるモノ
- □ 整理する時間や手間がかかるモノ（子ども服のお下がりなど）
- □ たくさんあるモノ（タオル、下着、靴下。定数を決めて残りは処分）
- □ 捨て方がわからず、ずるずる保管しているモノ（巻末の「処分方法リスト」も参考にその場で対処）
- □ 売る時にと考えて残してある空き箱（売る時の箱の有り無しでの差額を調べて、スペース代と比較！　スペースと管理する時間の方がもったいない）
- □ この１年間、着なかった冠婚葬祭以外の服
- □ オブジェ化している使わない家電（ファクシミリや、オーディオコンポなど）
- □ 増えすぎた子どものおもちゃ（与えた大人の責任として、泣かれても子どもの管理できる量まで減らす）
- □ 多すぎる知育教材（やらなければ意味がないので手放す）
- □ あることを忘れていたモノ（使い道を考えようとしてはダメ）
- □ 落ち着いたらやろう！　という趣味のモノ（本当にやりたいことは忙しくてもやっている）

### 売る、あげる、返す、貸すなど

- ☐ 売れるなら現金化しても良いかなと思うモノ
- ☐ いつか売る予定でずっと売っていないモノ（1週間以内に売らなければ捨てる）
- ☐ いつか「返して」と言われる可能性のあるいただきモノは、お菓子と一緒にすぐに返却（母親、お姑さんにもらったモノで何年後かに返してと言われそうなモノなど）
- ☐ 今は使わないブランドバッグは、貸してお金を稼ぐ（ラクサスなど）
- ☐ 未開封で使っていないモノ（ゴミになる前に寄付する）
- ☐ 食べきれない食品（寄付する）
- ☐ 捨てると祟りがきそうで怖いモノ（供養に出す）
- ☐ デジタル化で保管可能なモノ（デジタル化する）

詳しい処分方法は
巻末の
「処分方法リスト」を
参考に！

Rule 14

# 目標は「7割収納」になるまで手放すこと

「片づけ合宿」も3日目になると、家中のモノが、本来収めるべき場所に移動され、仮置きされている状態になります。

もちろん、3日間でここまでできない場合は、この基本の流れに沿って、できる範囲でゆっくりやっていただいても構いません。私の生徒さんでも、2週間とか1か月かけてゆっくりと片づけられる方もいらっしゃいます。でも、この**ルールを守ってやっていれば、どんなに時間がかかっても必ず片づきます**ので、安心してください。

いずれにしても、ここまでくると、本当に必要なモノだけが残って、収納スペースに空きが出てくると思います。

今までの片づけであれば、残ったモノを使いやすく収納すれば終わりですが、コロナ以降の**「備えるための片づけ」では、備蓄品も収納するという大切なテーマが待っています。**

ですので、まずは、次の2つを意識して取り組んでください。

①収納はざっくり仮置きでOK（備蓄品を購入した後、本格的に収納するため）

②7割収納を目指す（備蓄品を入れるため&リバウンドしにくくするため）

もしかするとすでに「備蓄品」を大量に買っていらっしゃる方もいるかもしれません。また、何をどのくらい「備蓄」しておけばいいのか迷っていらっしゃる方も多いかもしれませんね。

どのような備蓄品を、どの程度用意しておけばよいのかについては、次の章で具体的にお伝えしたいと思います。すでに買っていらっしゃる方は、それとも照らし合わせたうえで、多すぎる分は手放してもよいと思います。

Rule 15

# 協力してくれない家族の部屋は、隣の家「101号室」だと割り切る

家族を巻き込む魔法の声かけ（p82）を駆使しても、どうしても家族が協力してくれない場合は、いったん気持ちを切り替えましょう。

もちろん、「どうして協力してくれないのよ！」と、イライラは爆発寸前だと思います。モノを手放してすっきりと暮らしたい奥様と、散らかっていることに気付いていない旦那様。夫婦間での住居空間の美意識の差は、結婚生活が長くなればなるほどストレスに感じるものです。

でも、片づけようと奮闘したことによって、家族の仲が悪くなってしまっては本末転倒です。片づけは、暮らしの土台を整えて、より暮らしやすく、幸せになるために行うものです。

だから誰も協力してくれず、**「ひとり合宿」になった場合は、一人で淡々とやりましょう。**

バックヤードからの全出しを手伝ってくれなくても、収納のケースが重くても頑張って自分で出すしかありません。

そして、「捨てなくてもいいけれども、ここの部屋（スペース）をあげるから、あなたのモノを移動だけさせてね」と断って、その人のモノだけパブリックスペースからその場所に移動させ、押し込んでしまってください（笑）。

**家族のモノを勝手に捨てるのは、絶対にダメ**です。ご家族がモノを捨ててくれなくても、ぐっと我慢。「なんで捨てないのよ！」と批判しても、何のプラスにもなりません。とにかく黙々と頑張って、それ以外のところをピカピカにして「家を片づけて理想の暮らしをしたい」という強い思いを伝えていきましょう。

人によっては、半年くらいたっても全く協力してくれないこともあります。そういう場合は、その人の〝押し込み部屋〟は、家とは別の「101号室」という別空間だと割り切ってしまいましょう。

でも、私の経験上、**自分のスペース以外がきれいになって、生活しやすくなっていくのを見ていると、どんな方でも必ず自分のスペースを片づけたくなっていく**ものです。時間はかかるかもしれませんが、気長に見守ってください。

# Q2

## ネットで家具や収納用品を買うのが不安……。検索テクや見極めのコツはありますか?

（42歳 公務員 女性）

# A

ネットで購入した際に、「しまった」となる主な原因は、**「サイズ違い」と「イメージ違い」**です。だから、それを防ぐために、しっかり準備することが大切です。

例えば、本棚をネットで購入する場合、まずは置きたい場所のサイズを測ります。そして、**マスキングテープを貼って購入予定の家具のサイズのシミュレーション**をします。そうすると、「奥行きがけっこうあるから、ドアを開けた時に当たるかな」「隣の家具と面をそろえたほうが、すっきり見えそう」など、イメージがしやすくなります。

また、家具は材質によって印象が大きく変わるので、写真だけではわからない情報を収集することも大切です。白い家具と言っても、木目がうっすら見えるモノや、ツルッとした

モノ、ベージュに近い白、青みがかった白など、色々あります。**色見本があれば必ず取り寄せ、わからないことは積極的にメールで問い合わせ**ましょう。

あと、**おすすめなのは、画像検索**をすることです。品番や名称を入れてグーグルやアマゾン、楽天などで検索すると、それまで見ていたモノとは違う角度から写した商品写真が出てくることがあるので、とても参考になります。

さらに、**インスタグラムで検索**すると、実際に生活に溶け込んでいる様子を見られるので、自分の家に置いた時のイメージがわきやすくなりますよ。

そして、いざポチッとする前には、価格や送料などをショップごとにしっかり比較しましょう。お店の評価や購入者のレビューも参考にしてください。

また商品の名前がわからないけれど、こんなモノがあればいいなぁというモノを探すこともありますよね。

そういう場合は、キーワードをいくつか入れて検索します。

例えば、洗面所に置く、奥行きの浅い収納が欲しい場合は、「ランドリー収納　薄型」「ランドリー収納　奥行き」「洗面所　収納」「洗面　ラック」というように、**思いつくままワードを入れて画像で検索**します。そして、良いと思ったモノがあり、その商品名が「ランドリーラック」となっていたら、再度「ランドリーラック」で検索をし直します。


私は３６５日、みなさんとどこかしら片づけているので、知識はどんどん増えていきますが、グーグル先生は本当にすごいです！　何かしら答えを出してくれるので、上手に活用していきましょう。

第3章

# いざという時あわてない！必要十分な「備蓄」のルール

Rule 16

# 「自然災害」と「感染症」対策では備えるモノが違う

片づけ合宿を終え、不要なモノがなくなったら、いよいよ「備え」に取り掛かります。

これまで防災用の備蓄品と言えば、地震・台風・土砂災害など自然災害を念頭に置いたものでした。しかし、コロナ以降それだけでは足りないと思うようになりました。

水やガスなどのインフラが遮断され、避難所に行くことになる自然災害時と、インフラは使えるけれども、外に出かけられなくなり家にこもって生き延びなくてはならないコロナなどの感染症のパンデミックとでは、備えておくべきモノが違ってくるからです。

食べ物ひとつとっても、自然災害時の備蓄食はとにかくお腹がふくれるモノ、水の無駄使いを避けるため、食器などを汚さずに、すぐに食べられるレトルト食品やフリーズドライ食品などが主でした。**これらの備蓄食は、援助物資が届けられたり避難所に行ったりするまでの3日分あれば、とりあえず食いつなげます。**

一方、感染症パンデミックは、水やガスはそのまま使えるので通常の食事ができます。**欠かせないのは主食になる、米、パスタ、パンやお好み焼き、お菓子など何でも作れる小麦粉。**買い物の頻度が制限されるので、わざわざ出かけた時は生鮮食品を優先したい……となると、1か月程度の主食を備蓄しておく必要があります。

生徒さんの中には、ロックダウンの噂が流れた際に、普段食べない冷凍食品やカップラーメンなどを手あたり次第買ってしまって、キッチンの床に積み上がってしまったという方がいました。これらの食品は、かさばるわりに栄養があまりないので、免疫力も高めないといけない感染症対策時の食事には向いていません。特別な加工食品を買うのではなく、日常でも食べられる食品を使いながらストックし、備えるのが大事です。

また、今回のコロナ禍でもわかったように、トイレットペーパーやマスクなど、万一手に入らなくなると困る日用品のストックも必要です。

この章では、「災害対策（インフラが遮断）」と「感染症対策（インフラはあるが外に出られない）」の場合に分けて、何をどのように備えればよいのか、お話ししていきたいと思います。**必要なモノを巻末のリストにまとめました**ので、まずはご覧ください。

Rule 17

# 水は「一人3日分必要」。どこに置くべきか？

「災害」対策の備蓄品で何より重要なのは「水」です。インフラが止まった時に水がないと命にかかわります。

**備蓄の目安は「一人3ℓ×3日分＝9ℓ」。家族4人なら36ℓ**、つまり2ℓのペットボトル18本分になります。これは、押入れに入る、Ｆｉｔｓの引き出しケース1個分弱のスペースになります。

水も賞味期限があるので、備蓄しているものから日常的に使いながら常に一定量を保存しておくローリングストックがおすすめです。そうなると、**押入れやパントリーなど取り出しやすいバックヤードに場所を作るのがよい**ですが、どうしても収納スペースがない人は、ベッド下などに、長期間保存できる水を入れておいてもよいでしょう（ｐ１２９参照）。

また、ペットボトルよりもコンパクトに保管できるのが、箱入りの水です。20ℓ入りの箱入り水は、ペットボトル18ℓ分より少し小さく、しかも2ℓ多く保管できます。ローリングストックはしづらいので一人暮らしには向きませんが、家族が多いご家庭や、スペースが少ないお家におすすめです。

ウォーターサーバーがあるから大丈夫とおっしゃる方もいるのですが、ウォーターサーバーは停電時には使えなくなることもあるので、確認しておいてくださいね。

家族4人×3日分の水がFitsのケース1個に収まる。あなたに本当に必要なのは、ほとんど着てない洋服、それともいざという時の水？

なお、**非常食のアルファ米、レトルト食品なども基本は3日分のストックがあればOK**です。家族の気に入っているモノを少し多めに買って、押入れやパントリーに入れてローリングストックします。

**アルファ米など、普段は食べないモノに関しては、毎年「終戦記念日に食べる」など、食べる日を決めて、賞味期限切れにならないよう注意**してください。

Rule 18

# 日々使うお金とは別に「現金」を一人3万円用意

被災後にすぐに必要になるのが現金です。

急速にキャッシュレス化が進む昨今ですが、**停電などでカードリーダーが使えなくなるなど、システムがダウンする可能性があります。**

皆さんの中には、災害直後に銀行や郵便局でお金を引き出すために長蛇の列に並んだり、その様子をテレビでご覧になったりしたことがある方もいるのではないでしょうか。

一人3万円を目安に用意しておけば、時間を無駄にせず、生活再建にすぐ取り掛かることができます。

その時注意したいのは、**1万円札で持たないこと。**被災経験のある方に話を聞くと、お釣りを用意できない店が多いとのことです。できれば、1000円札×20枚、100円硬貨×100枚（もちろん500円玉を混ぜてもOK）などで用意しておきましょう。日々使うお金と別にして、空き巣に入られても見つからない場所に保管しておくと安心です。

また、避難所に行く場合は、保険証書やキャッシュカード、通帳などお金に関する書類も大切です。万が一自宅が被害にあった場合、いち早く保険の手続きを取ることが、これからの生活を見据えることにつながります。災害後は臨時の銀行窓口が特設され、通帳がなくてもお金を引き出すこともできたりします。

でも、被害が大きければ大きいほど、すぐにお金が必要になります。私の経験上、大阪のATMではお金が下ろせなくても、すぐ隣の兵庫では下ろせたことがありました。キャッシュカードだけでも手元に置いておきましょう。ちなみに災害時に印鑑は必要ありません。**防犯上のことも考え、印鑑は別のところに保管しておきましょう。**

補償内容や誰がどの保険に入っているかを把握するため、日頃からマネーボックスを作り（p222参照）、年末調整や確定申告の時期など年に一度は見直すようにします。非常時はボックスごとスーツケースに入れて持ち出しましょう。

Rule 19

# 防災用リュックはあえて作らなくていい

災害対策で水と食料以外に備えておくモノは、**身を守るための道具と情報収集に欠かせないスマホとその充電機器**です。また、ガスがなくても調理できる、**カセットコンロ**と、**カセットボンベ**、**アイラップ**（**調理用ポリ袋**）も用意しましょう（巻末のリストを参照）。

**アイラップ**は熱に強いので、中にお米と水を入れて強火で湯煎すれば、洗い物を出さずにご飯を炊くことができますし、お湯は何度でも再利用できます。モノを分類したり、手が汚れないように軍手代わりに使うこともできます。

**三角巾**は止血や骨折の際に腕を吊るなどもできますし、包帯としても役立ちます。布巾の代用にしたり、マスクを作ったりもできるでしょう。ただの一枚の布ではありますが、使い方は無限。薬局で売っていますので、家族の人数分備えておきましょう。

**サバイバルシート**は、銀色のシャカシャカと音がなるシートです。畳んだ状態だと手のひらサイズと小さく、とても薄くて軽いのに毛布の代用になるくらい暖かく、雨風や寒さをしのいでくれます。夏は直射日光も防いでくれます。

**懐中電灯**はソーラー式なら電池がなくても大丈夫です。**充電用バッテリー**は、なるべく、高機能でマルチに使えるモノがおすすめです。私が使っているのはスマホの充電、AM／FMラジオ、警報、LEDライトをフル装備しています。**非常用のトイレ**も万一に備え用意しておきましょう。これらの防災用品は、わかりやすくまとめておけば大丈夫です。

防災用リュックを作って玄関近くに置いておくのも一案ですが、ほとんどの家には家族分のリュックを置くスペースがありません。何より、瞬時の判断が明暗を分けるような事態にあたり、重たいリュックを持ち出すのは現実的ではありません。まずは**身を守って逃げることが第一、持ち出す余裕があるなら、まずは現金、金目のモノ**です。

しばらく避難所にいる必要があると判断した時点で家族の代表が家に戻り、当面の必要な防災グッズをピックアップして、スーツケースなどに入れて持ち出せば十分だと思います。ですから、防災グッズに関してはどこに何があるかを把握しておくことが一番大事。ささっと約10分で用意できるように準備しておきましょう。

また、お金や保険関係の書類の整理の仕方については、p222で説明しますが、日ごろからまとめておいて、すぐにファイルごと持ち出せるように管理しておきます。

## 避難所に行く洋服も決めておく

片づけレッスン中に、「もし災害が起きた時に、どの服を着て避難所に行きますか？」と聞くと、選べない生徒さんがとても多いです。「着替えやすいからこれにします」と、スカートを選ぶ人もいますが、避難所は犯罪も多いので防犯の面からもこれはNGです。避難時を想定して、すぐに着られるワンセットを決めておきましょう。

私も、避難所セットを決めてあります。上は季節によって変わりますが、基本はTシャツと雨よけのジャンバー。下は、ポケットがたくさんついているカーゴパンツ。これは足首がゴムでしまっているのでトイレに行っても引きずりません。そして、UVカットの帽子、紐がなくて走りやすい靴、です。

すべて日常使いをしているモノですが、**「非常時にはあのワンセットで避難所に行く」と決めておくだけで、いざという時、あわてることがありません。**

Rule 20

# 感染症対策の備蓄で最も重要なのは「米」

一方、コロナなど感染症対策（インフラはあるが外に出られない）の備蓄品の中で、一番大切なのはお米だと思います。おなかがいっぱいになって、しかも栄養価が高いからです。

**主食がお米だけなら一人5kg分くらいは用意**しておきましょう。Ｆｉｔｓのケースにはお米が20kgくらい入ります。もし米だけで飽きるという場合は、小麦やパスタなど、主食として成り立つ食材を用意しておくといいと思います。お米、小麦粉、パスタの3つを織り交ぜて、トータルで家族が1か月食べられる分量を常にストックしておくイメージです。

調味料は、作る料理によって減り方が異なるので難しいところですが、新しいモノを1個ストックしておくと安心です。

また、お米に加えて、出汁《だし》になるモノがあれば最強だと思います。

必要最低限のモノで栄養のある食事を作ろうとすると、鰹節や昆布、わかめなど、昔から愛されている食べ物が候補に挙がってきます。結局、昔ながらの食卓を再現することが、日本人の体を守ることにつながるのだと思います。

私は外出自粛期間中に、鰹節削り器を買いました。鉛筆を削る時のように、くるくるハンドルを回すだけで、鰹節が削れるんです。ごはんにのせて、お醤油を少し垂らしてもいいですし、それで出汁をとると、お店レベルの味になります。とってもおいしいですよ。「場所をとるのでは？」と聞かれることもありますが、意外と省スペースです。鰹節のパックは空気が入っているのでけっこうかさばります。個人的には、それを置いておくよりも必要な量だけ削れてコンパクトで良いと感じています。

なるべく買い物に行かずに、家で自炊するためには、カップラーメンなどの非常食を備えるよりも、巻末のリストのように**普段食べる食品で、なるべく日持ちのするモノ**（缶詰・乾物・長期保存できる野菜など）を備えておくことのほうが重要です。それらの少ない食材を使いまわして、飽きないように料理するワザはｐ196で紹介しています。

また、実際に感染症にかかって、急に脱水症状になった時用に、**ＯＳ－１も用意しておきましょう。**ＯＳ－１は、水500ccに、砂糖大さじ2分の1、塩小さじ3分の1を入れて混ぜ合わせれば作ることもできますが、用意しておくと安心です。

Rule 21

# 買いすぎ&賞味期限切れを防ぐローリングストックのコツ

備えながらすっきり暮らすというのは、ある意味、矛盾した行為ですよね。「備える＝モノがある」「すっきり＝モノがない」ということになるからです。

だから、これを両立し、持続していくために、備蓄した食品はローリングストックをして消費していくことが大切です。

でも、生徒さんからは「それが難しい」とよく言われます。「それぞれ賞味期限が違うからややこしいんです。思い出した時に食べようとしたら、賞味期限が切れています」と。

たしかに、難しいですよね。**災害対策のアルファ米のように賞味期限が長いモノは、年に一回食べる日を決めておけばいい**と思いますが、コロナ対策の食品は、日常的に使って回していくことが求められます。上手に管理しないと、存在自体を忘れてしまいますよね。

ですから、基本的には押入れなどのバックヤードにストックしておいて、キッチンで使っている分がなくなったら、そこから1個とる。それを繰り返していくことになります。

例えば、パスタをローリングストックする場合は、こういう感じです。

**①使っている1袋分をキッチンに置いておく**
**②それがなくなったら、ストック置き場からキッチンへ1袋持ってくる**
**③ストック置き場の残量が、備蓄の目標量を下回ったら買い足す**

こうやって、備蓄の目標量を常にキープするようにします。購入する際、目標量ぴったりだと使った瞬間に下回ってしまうので、少し多めに買っておくとよいでしょう。

でも、多くの方にとっては、これが落とし穴になります。

「少し多めに」は人によって違うからです。

心配性な方はたくさん買うでしょうし、安売りをしていたら、ついついまとめ買いをすることもあると思います。

だからこそ、大切になってくるのが「枠」を意識することです。

「個人のモノは個人の場所へ」を徹底し、自分が所持できる量＝枠を知ることで、枠を意識し、そこからあふれないように管理することが、散らからない秘訣なのはすでにお話しした通りです。

備蓄品をローリングストックする時も同じです。

枠は、ご家庭によって異なります。そもそものバックヤードのサイズ、もともとバックヤードに収まっているモノの量などによって様々です。そうすると、「少し多めに」は自ずと決まってくることがわかります。自分の枠を意識し、「ストックがこの引き出しの半分になったら買い足す」など、自分の枠に合わせた、自分なりのルールを決めてみてください。そして**ストックは必ず見渡せるようにして見えないところに押し込まない**ようにしてください。

## アプリを活用して買い忘れを防ぐ

ストック品は、かさばるモノや重たいモノが多いので、ネットで注文している方が多いと思います。でも、そうすると送料が気になりませんか？

ストック品を買い足すタイミングはマチマチなので、「これ一つだけ頼むと送料がもったいないから、他のモノも買う時に、まとめて買いたいなぁ」と、思うことはないでしょうか。

かといって、いちいち荷物点検するのも面倒くさいですよね。だからそういう時は、アプリが便利です。**「あれを買わなきゃ」と頭で覚えておく代わりに、アプリに覚えておいてもらう**んです。専用の定数管理アプリもありますが、もっとシンプルなメモアプリの「Googleキープ」のチェックリスト機能などのほうが使いやすいかなと思います。

バックヤードのストックを見て、「そろそろ買わなきゃな」と思ったら、その都度Googleキープに入れていき、送料無料になるくらい数がそろったら注文する。こうすれば、買い忘れを防げますよ。Googleキープについてはp212でも紹介しているので、参考にしてみてください。

Rule 22

# 備蓄が必要なモノと必要ないモノの見分け方

感染症対策の日用品で備蓄しておくのは、売り切れて買えなくなったら衛生上困るモノです。手を消毒するアルコールジェルや、食品にも使えるアルコールスプレー(例えばドーバー パストリーゼ77)、ビニール手袋などは必ず備蓄しておきましょう。

また、今回のコロナ禍で売り切れたマスクやトイレットペーパーも、1か月分はストックを用意しておきましょう(目安は巻末のリストに)。また、これらの日用品も不安から買いすぎてしまう人がいますが、「余計なモノを増やさない」ということも大切です。次の三つを心がけていただければと思います。

①定数管理をする
②何でもかんでもストックしない
③一つで色々な用途に使えるマルチなモノを選ぶ

①は、例えば下着や靴下、パジャマやタオルといった生活必需品にも通じるのですが、必要最小限の数しか持たないということです。

私は、パジャマは2枚、下着や靴下は5枚、タオルは家族の人数＋2枚と決めています。パジャマと靴下は年に2回、春と秋に買い替えますし、タオルは年に一回新しくします。使い倒して買い替えるので、考えようによっては経済的です。ちなみに、パジャマは災害時にそのまま外に出てもおかしくないジャージやスウェットがおすすめです。

また、マスクやアルコールジェル、トイレットペーパーのように感染症が流行した時に買えなくなると困るモノはストックしておく必要がありますが、すべての日用品を＋１本ストックしておく必要はありません。

例えば、**歯磨き粉は、なくなりかけたらすぐにわかるし、なくなったとしても命に関わらない**ですよね。だから、ストックは持たずに、なくなりかけたら買うということでいいと思います。対して、サランラップは、残量がわかりにくいので突然なくなってしまう。そういうモノは1個は余分に持っておいた方がいい。そういう考え方です。

③は、一つのアイテムで色々な役割を果たせるモノを選ぶということです。これは日常の家事のアイテムを選ぶ時にも通じます。詳しくはｐ１７０で紹介しています。

Rule 23

# どうしても入らなければ「ベッド下」か「ベランダ」を備蓄シェルターに！

備蓄品は、なるべく1か所にまとめて保管しておくと管理がしやすいです。くれぐれも「あ、ここに隙間がある！」と、デッドスペースに押し込むのはやめてくださいね。そうすると、どこに何を入れたかわからず、在庫を管理しにくくなってしまいます。

押入れやパントリーなどのバックヤードにどうしても収納できない場合は、ベッドの下や、収納付きベッドを導入して、そこへまとめて保管しておきましょう。

ただし、はね上げ式の収納ベッドは出し入れがしにくく、ローリングストックには不向き。5年保証の水や災害用トイレなど、入れっぱなしOKのモノにします。

一人暮らしや、収納が極端に少ないお宅の場合は、最終手段としてベランダに保管してしまいましょう。**無印良品の「ポリプロピレン頑丈収納ボックス」は、蓋が外れたり中身が出たりしないようにロック機能がついており、屋外でも使える**のでおすすめです。

ただし、ベランダに保管する場合、食品は品質が変化する恐れがあるため控えましょう。巻末の備蓄リストに記載している日用品を入れておくか、家の中に保管しているモノであまり使わないモノを外に出し、その分空いたスペースに食品の備蓄スペースを設けるようにしてください。そして台風時は、家の中に入れることを忘れないようにしましょう。

## 新しい時代に合わせてモノの優先度を決める

ここまでしても、まだ備蓄品が入りきらないようなら、再度、所持しているモノの要・不要を判断する必要があります。

ｗｉｔｈコロナの時代は、外出の機会が減るのに伴い、洋服やアクセサリー、靴などの使用回数も減ります。つまり、それほど数がなくても足りるようになるということです。**洋服などを衝動買いしやすい人ほど、ネットでじっくり検討**したり、ロコンド（靴や服などを自宅で試し、無料で返品できる通販サイト）を活用したりして、本当に必要なモノだけを見極めていくことが大切ではないでしょうか。生活が変わるということは、必要なモノも変わるということ。新しい時代に合わせて、要・不要を判断していきましょう。

## ベランダに置く

台風の時などは
中に入れる

災害時の避難経路を確保しつつ、じゃまにならない場所にコンテナを設置。同じ種類&白なので、すっきり見えます。

## ベッド下に置く

ベッド下が
備蓄シェルターに

ベッド下の引き出しに収納。低い位置なので地震が起きても落ちてくる心配がなく、破損を防ぐこともできます。

Q3 「片づけたいのに片づけられない」モヤモヤ相談室③

## 収納が少なく、高いところも活用したいのですが、どうしたらよいですか？

（25歳 保育士 女性）

# A

収納に余裕がないという場合、手が届かない高い場所も貴重なスペースになります。空けておくのはもったいないので、取り出しやすい仕組みを作りましょう。

我が家では、**キッチンにインテリアショップで買ったスツールを置いて、高いところのモノを取る時の踏み台として使っています。**

「スツールではなくて、脚立を使えばいいのでは？」と思われる方もいるかもしれないですね。

たしかに、脚立は折り畳んで収納できるので、その点では便利です。でも、脚立をいちいち折り畳むのって、けっこう面倒ではないですか？　また、そもそも収納が少なくて困っているわけですから、脚立をしまうためのスペースを用意するのも一苦労のはず。

そのうえ、脚立は踏み台以外にあまり活用できないので、

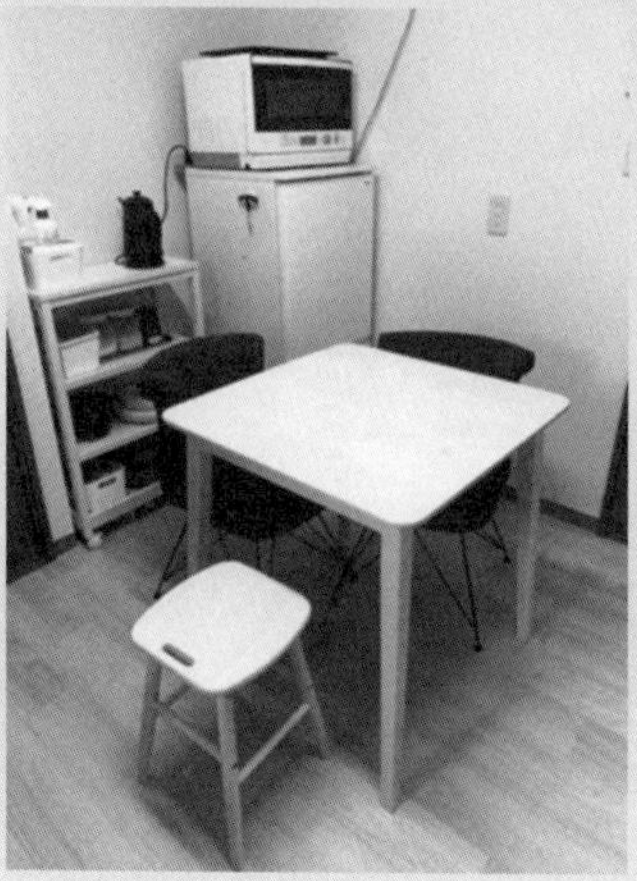

1DKにお住まいのIさんは、収納場所に困る脚立は持たず、かわいいスツールを愛用。日中はキッチンに置いておき、夜はベッドサイドテーブルとして活用しているそう。友人が遊びに来た時は椅子としても使えるので重宝しているとのこと。

場所を与えるのは、ちょっともったいない。

だけど、スツールなら、キッチンで仕事をする時に椅子として使ったり、ちょっと雑巾を引っかけておいたり、ソファでお茶をする時のテーブル代わりにしたり、切り花を飾る花台にしたり、様々な用途で使うことができます。**軽いので持ち運びもしやすいですしね。見た目がかわいいモノを選べば、出しっぱなしでもサマになります。**

スツールではなくて椅子を置いておくという考えもありますが、普通の椅子はサイズが大きいので料理をする時に邪魔になりますし、背もたれなどに汚れが飛び散りやすいので、私はスツールがベストだと思っています。

掃除をする時は、普通の椅子と一緒にテーブルの上にひっくり返してルンバを走らせます。そうすれば、スツールを出しっぱなしにしていても、掃除がしにくいということはありません。

# 第4章

# 狭い家が
# 一気に広くなる！
# スペースを生む
# 「家具」と「収納」

Rule 24

# 布団をやめてベッドにすれば、必ずスペースは生まれる

「片づけ合宿」を終え、備蓄品の量を把握し、どのくらい収納スペースが必要か、なんとなく見えてきましたか？　どうしても収まりそうもないという方もいらっしゃるかもしれませんね。その際に、ぜひ、お伝えしておきたいことがあります。

実は、**片づかない家の大半はベッドを使わず、布団を敷いて寝ているケースが多い**のです。片づけレッスンに来られる生徒さんの9割は、布団派と言っていいでしょう。

日本のライフスタイルは、着物から洋服にかわり、それに伴い収納も、押入れではなくクローゼットに変化しました。押入れがなければ布団をしまうスペースはありませんので和室のないマンションというのは、そもそも布団を敷いて寝る設計には、なっていません。

仮に押入れがあったとしても、布団を入れると、防災用品、季節の家電やキャンプ用品、節句飾りや衣類などの収納場所がなくなりモノがあふれてしまいます。

それよりは、布団が出しっぱなしのほうがマシと考え、日中は万年床か、布団をパタンと半分に折り曲げている状態になります。そうすると、掃除は行き届かず、布団を踏んでも多少の汚れは気にならなくなり、その心理は他の部屋にも伝染していきます。

私はこれまで1000軒以上の片づかない家を見てきましたが、**人生の色々な不具合は、「寝る場所」が影響していると言っても過言ではない**と思っています。

寝室は一日の疲れを癒す場所ですが、埃や湿気、モノがあふれた中での質の悪い睡眠で、いつもだるい、疲れがとれないという方が、散らかった家にはとても多いです。

片づけても片づけても家は散らかり、常にイライラ。

家族は、使ったモノを出しっぱなしにするし、仕事から疲れて帰宅すると散らかった部屋を前にして、つい子どもたちに片づけなさい！　と強く当たってしまう。

本当は自分でもどうしたら暮らしが整えられるのかわからないんですよね。お子さんの寝顔を見ながら涙すると、打ち明けてくださる生徒さんは、たくさんいらっしゃいます。

私も、休みがない自営業と子育てや介護で自分ばかりがしんどい！　とイライラした時期がありましたので、辛いお気持ちは痛いほどわかります。

でも、このメソッドを信じて片づけをやり切れば、必ず辛い思いから解放されるのです。

最近も、私の生徒さんから相談を受けました。

その方は、東京の都心に家族5人でお住まいです。とても便利な立地条件なのですが、田舎に比べればかなりコンパクトなお住まいです。

そこで、収納スペースを確保するためにも「布団をやめて収納付きのベッドにしてはいかがですか？」とご提案していたのですが、旦那様がどうしてもイヤだとおっしゃいました。

布団を入れんがために、貴重なスペースを大量に奪われるのは、大変もったいないのですが、旦那様の譲れないこだわりとのこと。

たしかに、日本には布団を敷いて寝る文化がありますし、私たちの親世代は、みんな布団で寝ていました。だから、それが当たり前になっているのかもしれません。

それに、お金を出して、ベッドを買うということも、新しい生活習慣を取り入れることも大変勇気のいることです。

これも、散らかっている家に共通して言えることなのですが、**片づけに苦手意識のある**

**方は、100均のモノはいくらでも買えるのに、大きい家具は、必要であっても買うのを躊躇《ちゅうちょ》してしまいがちです。**

部屋には、行き当たりばったりで買った安価なスチールラックや小さなカラーボックス、引き出し収納がたくさん置かれ、床面積を狭くしてしまっているおうちは大変多いです。

## 万年床だと300万円も損してる⁉

でも、もしも家族4人が布団をやめてベッドに替えたら、どれくらいのスペースを得られるでしょう。

ベッド一つはおよそ1・5畳あるので、ベッド下を有効活用すればなんと、6畳分もスペースを確保することができるんです。坪単価で計算すると、その方の場合、約3坪、およそ300万円以上の損失になっていました。

**寝室を見直せば、必ずスペースは生まれます。**

だから、もしも今、スペースがなくて困っているのに布団で寝ている人は、資産価値も考慮して、まず第一に、ベッドで寝る生活を検討してみてください。

## ベッドにすれば、床面積が増える！

引き出し式の収納がついているベッド。クローゼット代わりに使えます。

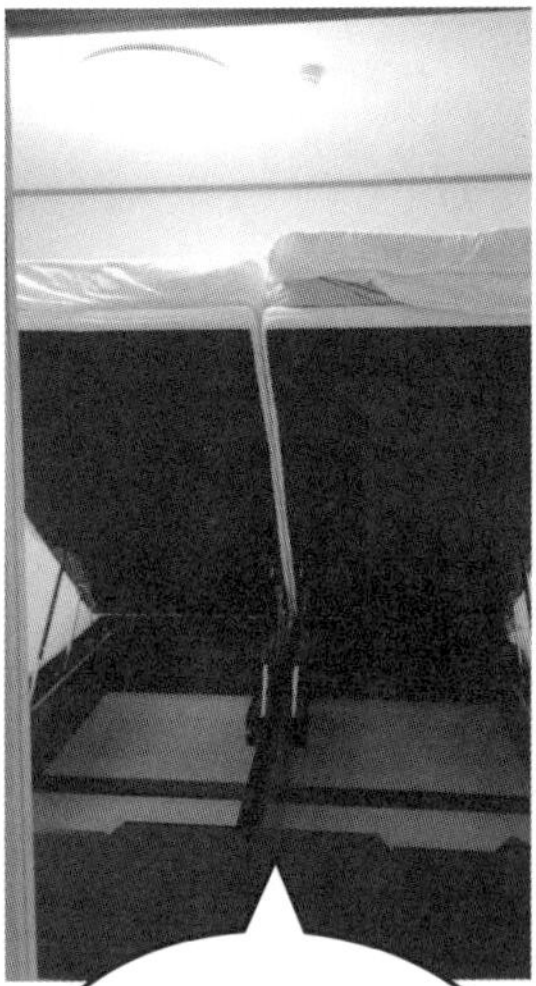

跳ね上げ式は収納力が抜群。季節の家電やスノボの板など大きなモノも入れられます。

3段ベッドなら3人分の就寝スペースを確保できます。1段目の下に収納も可能。

Rule 25

# 縦スペースを活用して床面積をかせぐ

前項でもお伝えしましたが、縦のスペースを有効活用するのはとても効果的です。3段ベッドにすれば、同じスペースに3人分の就寝スペース＋収納スペースが確保できます。また、カラーボックスや背の低いラックを置いている場合、部屋の面積をとっている割に収納力が少なく、部屋が狭くなっています。それを壁面収納に変えるだけで、ぐっと収納スペースが増えます。

例えば、テレビの上。

テレビの置き場所は固定化しているので、確実にそこの床面積を奪っています。それにもかかわらず、上の空間は空いているという場合、そこはデッドスペースになっているんです。収納スペースがないからといって、カラーボックスを複数並べると、それだけ床面積を使ってしまい、部屋が狭くなります。

それよりも、テレビ台を壁面収納に替えて空間を有効に使うほうが、収納の容量が増えますし、耐震対策もすれば、背の高い家具を置いても危なくありません。

## 小物の収納も縦スペースを意識する！

また、縦のスペースを活用するというのは、家具以外のことでも応用が利きます。例えば、ストローや割り箸の置き場所。

ストローや割り箸のように、**そんなに頻繁に使わないモノを引き出しの一番使いやすいところに入れてはいませんか？** その一方で、吊戸棚の上部の空間が余ってはいませんか？

だとしたら、立ててしまいましょう。ファイルボックスに立てて入れれば、デッドスペースがなくなり、空間を有効に使うことができます。空間を最大限生かすためには、どうすればいいのかを考える習慣をつけると、スペースを生み出せるようになりますよ。

このように、大きなモノでも小さなモノでも、縦のスペースを有効活用すると、狭い部屋や場所でも、面積をとらずに十分に収納スペースを確保することができます。

## 縦のスペースを生かす！

壁一面を収納にすれば、上部の空間も有効に使えます。面がそろうことで、すっきり感もアップ。

引き出しに入れがちな細長いモノたちを立ててしまえば、縦の空間を利用できます。とはいえ、持ちすぎは禁物！

Rule 26

# 収納の「ゾーン分け」は細かくしすぎると、失敗する！

片づけ合宿を乗り切った後なら、バックヤードにスペースが生まれているはずです。仮置きしていたモノたちも含めて、本格的に収納していきましょう！

バックヤードのスペースは、ざっくりとゾーンに分けて使います。

「備蓄ゾーン」「季節グッズゾーン」「思い出グッズゾーン」という具合です。個人の部屋がなく、個人のモノを入れる場所がない場合は、パブリックの部屋にある収納を「パパゾーン」「ママゾーン」「子どもゾーン」など、人で分けるのもアリです。

ゾーンを分けるポイントは、大きなくくりでざっくり分けること。

例えば、工具を収納するにしても、工具だけで1ゾーン設けるのではなく、工具、ガムテープ、ビニールひもなどで、**「ホームセンター」ゾーン**にする。

同様に、洗剤のストックだけで1ゾーン設けるのではなく、洗剤、シャンプー、化粧品などで「**ドラッグストア**」**ゾーン**にする、ということです。

**モノを出しっぱなしにしてしまう原因の一つに、ゾーンを細かく区切りすぎているということ**があります。

ボールペンで1ケース、マスキングテープで1ケース……と、100均のプラケースが50個くらいズラーッと押入れに並んでいるお宅もあります。引き出しの数が多いと戻すのが大変ですし、探すのも一苦労ですよね。小さなお子さんだったら、なおさらです。

そうすると、大人が代わりに戻すことになるので負担が増えてしまいます。生徒さんからも「家族がモノを出しっぱなしにして、片づけてくれません」と、相談されることがよくあります。

そんな時、私は「収納の入口の数を減らすことが近道ですよ。まずは、ざっくりとゾーンを分ける。そして、その中でチーム分けをしていきましょう。**入口の数は少ないほうが、断然、出し入れがラクになりますよ**」とアドバイスしています。

具体的には、引き出しケース3段分が一つのゾーンだとすると、基本的には1段＝1チームに分けます。ただし、チームによってボリュームに差がある場合は、上の2段で1チーム、下の1段で1チームというような分け方をしても構いません。

そして、チームをさらにサブチームに分けていきます。引き出しの中に100均のプラケースや紙袋、箱などを入れて空間を分けていきましょう。お弁当箱を仕切るようなイメージですね。引き出しを開けたら、中身が全部見えて、そこに分けられたモノたちが収まっている。そういう状態が理想です。

**チーム分けの仕方は、機能別もしくは使うシチュエーション別**がおすすめです。

せっかくゾーンをざっくり分けているのに、1アイテム＝1チームにして細かく区切ると検索しにくくなります。

例えば、子どもゾーンの場合。

（機能別）
おもちゃチーム↓サブチーム（ぬいぐるみ、楽器、絵本）
季節外の服チーム↓サブチーム（アウター、トップス、ボトムス）
（使うシチュエーション別）
お出かけチーム（音が出ないおもちゃ、着替え、リュック）
習い事チーム（月謝袋、お便り、習い事で使うモノ）

……という感じです。

こうやって、ゾーンやチーム分けしたモノたちを、スペース内のどこに配置すればいいかについては次項で説明します。

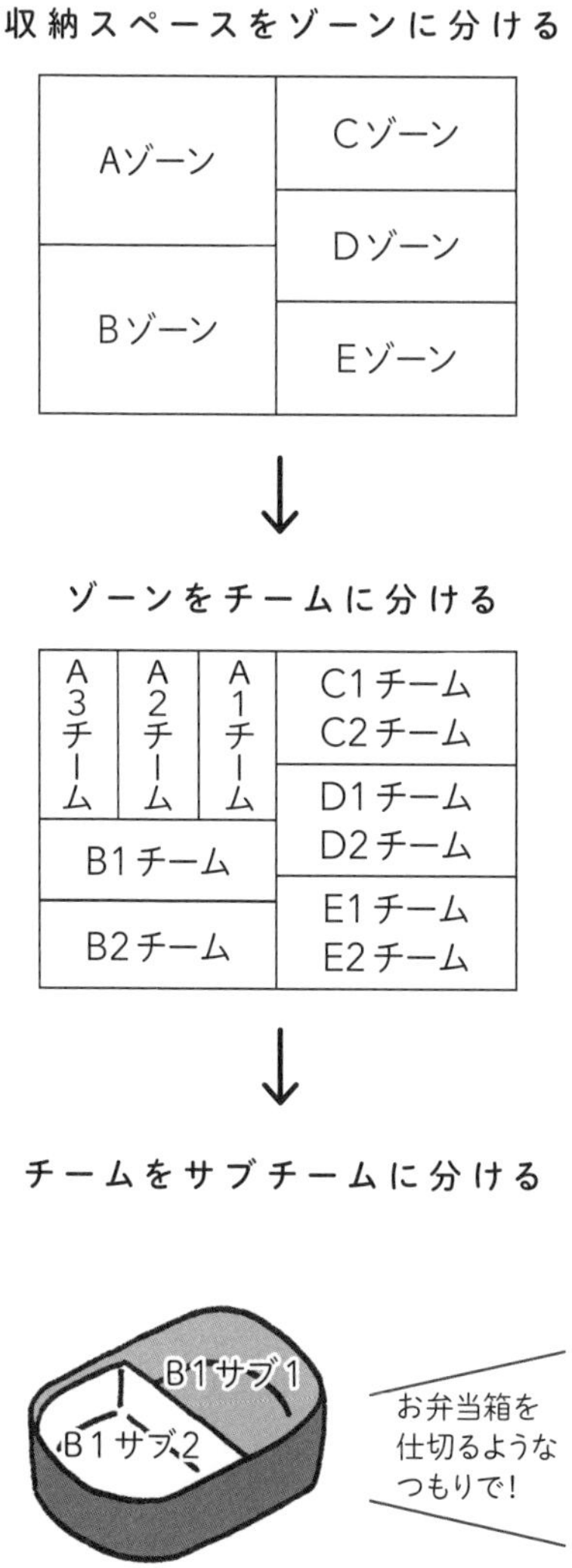

Rule 27

# どこにしまうかは「ゴールデンゾーン」と「作業動線」で考える

ゾーンとチームを分けたら、今度はそれをどの位置に設定するかを考えます。

基本的な考え方は次の通りです。

**①頻繁に出し入れするモノ↓ゴールデンゾーンに**

**②使用頻度が低くて軽いモノ↓上に**

**③使用頻度が中程度で重いモノ↓下に**

左ページのキッチンを例にとって説明すると、目に留まりやすく、手も届きやすい吊戸棚の下半分がゴールデンゾーンです。一般的にゴールデンゾーンの次に出し入れしやすいのが下段、次が上段になります。したがって、吊戸棚の上半分は頻繁には出し入れできないので②にあたり、キッチン内のバックヤードとも言えます。シンク及びコンロ下は③にあたります。

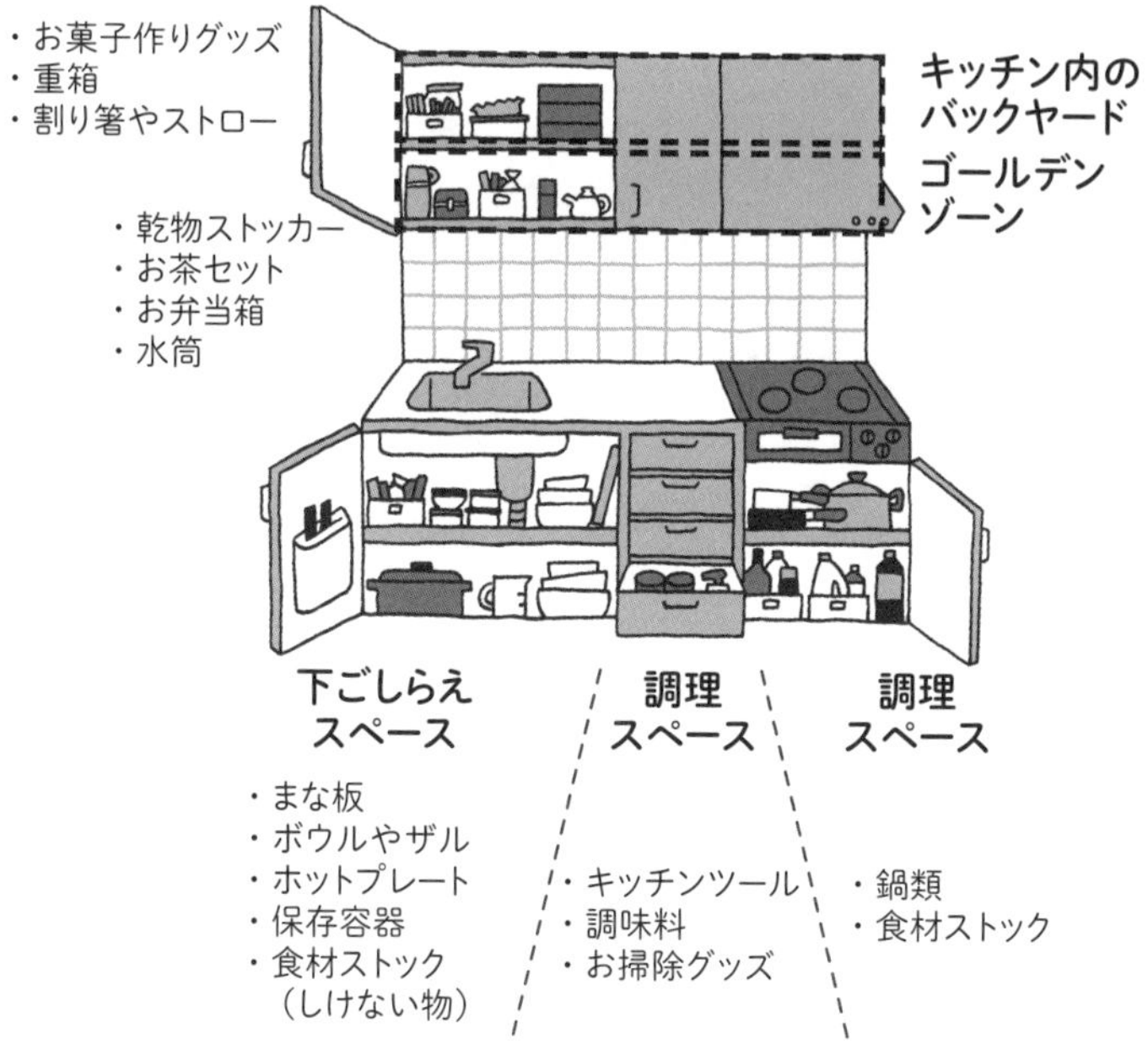


さらに、**作業動線に沿って収納する**と使い勝手がよくなります。

つまり、シンク近くの下ごしらえをするスペースには、まな板やボウル、ザルなどを、コンロに近い調理スペースには調理に使うキッチンツールや調味料を置くといった具合。その作業をする時に使うものを近くに収納する、ということです。

**ゴールデンゾーンというのは、目に留まりやすく、立った状態でモノの出し入れができる位置**を指しますが、ここでポイントになってくるのが、このゴールデンゾーンは、その人の**身長によって違いが出てくる**ということです。ですから、子どもとの身長差が大きい場合は、主にその場を使う人や、片づけが苦手な人に合うように設定する必要があります。

子ども部屋で子どものゴールデンゾーンを意識して収納するなら、教科書やプリント類は、腰の位置に収納するとよいでしょう。

もっと小さなお子さんの場合は、おもちゃ箱を床に置いても棚に収納しても、さほど違わない場合もあります。ペタンと床に座って遊ぶことが多ければ、床置きのほうが便利です。お子さんの身長や遊び方などを観察してみてくださいね。

「ゴールデンゾーン」「作業動線」の2点を考えながら収納場所を決めることで、出しっぱなしは驚くほど減ります。

使いにくいなと思ったら、他にベストな収納場所や方法がないか、ためしに変えてみるのもよいと思います。

Rule 28

# 収納用品を選ぶポイントは、「四角い」「定番」「ネットで買える」

収納用品を選ぶポイントは5つあります。

①そのスペースを最大限生かせるサイズ
②形が四角い
③柔軟に使える
④定番商品
⑤ネットで買える

①は当たり前のようですが、私も片づけの経験が少ない時は、つい「かわいい！　どこかで使えそう！」と衝動買いをして失敗した経験があります。

例えば押入れの奥行きを使い切れない引き出しケースを買ってしまい、引き出しの前にモノを置いてしまう、小さな小物整理ボックスに文具や日用品を入れてしまって空いた場所に衣類がぐっちゃりと押し込まれるなど、せっかくのスペースを有効活用できていないおうちも多いです。

収納用品は、**中に入れるモノに合わせて大きさを選ぶのではなく、元々ある枠を100％生かせるように、枠ありきで考える**のが正しい考え方です。

そう考えると、収納用品の形はおのずと②のようになります。

いろんな形のモノも四角いケースに詰め込んで小さくし、**パズルを組み立てていくようなつもりで空間を埋めていけばよいのです。**

③は、積み重ねたり、ばらしたりできるモノという意味です。

ボックス型でも、引き出しケースでも、ぴしっと重ねられるように設計されているモノは、暮らし方に変化が生じても柔軟に使いこなせるので便利です。逆に、**3段くらいの引き出しが連結されているモノは使い勝手が悪い**です。高さを変えられないので、部屋割りを見直して収納ケースを移動したい場合にも、他の部屋では使えないということが、よくあります。

基本的に、収納用品は片づけの最終段階までとっておいて、最後に取捨選択し、必要に応じて新しいものを購入しますが、「どこの部屋の収納でも使えそうもない」という場合は、すぐに処分してしまって問題ありません。

④の定番商品は、なくならないので、後から買い足せるのがメリットです。同じ規格のモノでそろえたほうが、すっきり見えますし、空間を無駄なく使えます。

そして、⑤のように**ネットで注文できる品は、サイズが正しく記載されている**ので、自分の家のスペースに合うモノを選ぶことができます。

## 高いところには軽い収納用品を選ぶ

高いところで使うモノは軽いタイプのほうがいいです。押入れの天袋やクローゼットの枕棚に使う場合は、もちろん、サイズをちゃんと測って選ぶ必要がありますが、**イケアのスクップ**なら、大体いけます。これは軽いし、安いし、縦にも横にもできるし、サイズ展開も豊富なので、最も出番が多いものです。

収納用品がいくつ必要かわからない、という時は、少し多めに買って不要なら返品するという手もあります。購入する時に、返品の条件などもチェックしておくとよいでしょう。

## すっきり片づく！ ㊢ 収納用品ベスト4

### 無印良品
### ファイルボックス

重ねて使えるので棚板がない場所でも便利。幅10cmと幅15cmがあり、必要な個数を計算しやすい。小物や書類などフレキシブルに使えます。ポリプロピレンファイルボックス　スタンダードタイプ　A4用　ホワイトグレー（W10×D32×H24）／無印良品　https://www.muji.com

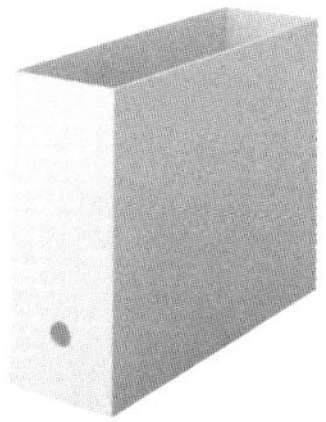

### イケア
### スクッブ

サイズや形のバリエーションが豊富で収納スペースにぴったり合うモノを見つけやすいシリーズ。使わない時は折りたたんでしまっておける。SKUBB（W69×D55×H19）／IKEA　https://www.ikea.com/jp/ja/customer-service/contact-us/

### ニトリ　カラーボックス
### ニトリ　Nインボックス

サイズ展開が豊富な「Nインボックス」は、ニトリのカラーボックスにシンデレラフィット。色分けできるので、おもちゃ収納に最適。左：カラーボックスカラボ 3段（W41.9×D29.8×H87.8）　右：収納ケース Nインボックス(W) レギュラー（W38.9×D26.6×H23.6）／ニトリ https://www.nitori-net.jp/ec/

### Fits
### 引き出しケース

押入れやクローゼット、ちょっとした隙間収納など、全26サイズを展開するロングセラー。積み重ねてもたわみにくい丈夫な前枠なので引き出しやすい。フィッツ　モノ　ロング（W39×D74×H23）／天馬　https://www.tenmacorp.co.jp/housewares/contact/

Rule 29

# モノを徹底的に「コンパクト化」する4つの方法

モノをコンパクト化して、スペースを生み出す秘訣は「いかにして、そのモノが占める面積を減らすか」にあります。

具体的には次の4つがあります。

①入れ子にする
②パッケージから出す
③宙に浮かす
④空気を抜く

まず①について。鍋やザル、食器など、重ねられるモノは重ねます。みなさん、四角いモノや、ちょっとかわいいプラスチックのモノなど、色々お持ちなんですよね。でも、

入れ子にする

そうすると重ねられないので場所をとってしまいます。
バッグも、一つずつ並べると面積を多く使いますが、入れ子にすれば省スペースになります。

## 「扇風機」と「カセットコンロ」以外箱は捨てていい

②のパッケージから出すというのは、とても大切なポイントです。
モノが収納しきれなくなる大きな原因は、実はパッケージにあるんです。必要ない箱や容器が、場所をとっていることが多いのです。

たとえば卵パック。冷蔵庫の卵置き場は、ドアポケットにあることが多いかと思います。我が家は卵の消費量が多いので常に2パック分を保管しているのですが、ドアポケットのスペースには2パック分を重ねて入れられず、1パックだと高さが余ってもったいない。そこで、本来の卵置き場には、高さがぴったりの調味料の瓶を入れ、卵は、2パック分をパックから出してまとめて高さのあるケースに入れ、棚の部分に収納することに。

これがとても使い勝手がよく、卵の残量も一目瞭然。本来の卵置き場のデッドスペースもなくなりごちゃごちゃしがちな瓶の調味料もすっきりまとめて入れることができました。

お菓子や、かつお節など、外袋がかさばるモノもパッケージから出します。そして、**ファスナー付き保存袋に平たく並べて入れなおします。**検索性が上がりますし、場所もとりません。

また、布団を買った時についてくるケースや、家電が入っていたケースも必要ありません。布団を買った時のケースというのは、ふんわりと布団を素敵に見せるためのモノであり、キュッとコンパクトな収納しやすさを考えて作られてはいないので、家では使い勝手が良くありません。買った時のケースにこだわらず、収納しやすいケースに入れ替えるとよいと思います。

おすすめは、四角い収納ケース。選び方のポイントは、置きたいスペースの大きさに合わせること。「私はここに置き

## パッケージから出す

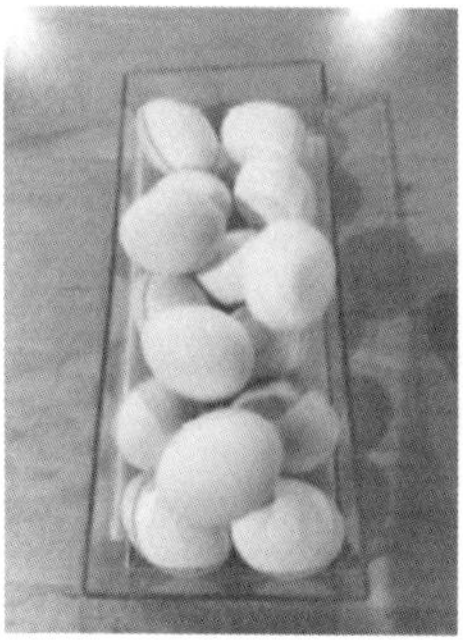

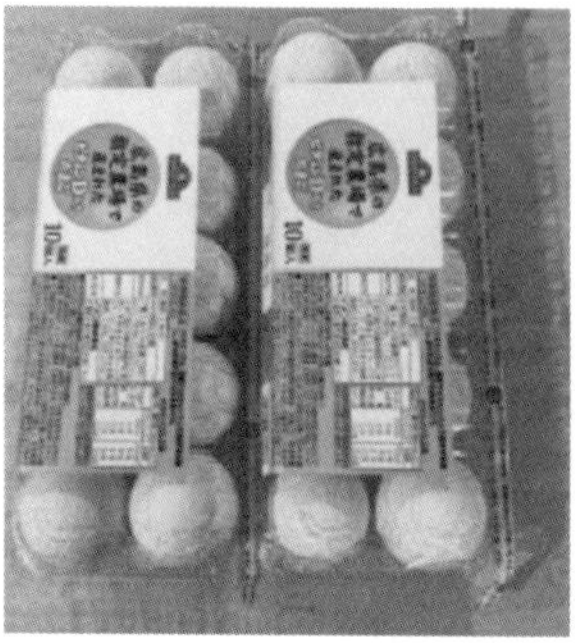

たいのよ」という場所がありませんか？　その空間に合わせて収納ケースを選んで、布団をその形にたためばいいんです。そうすると、パズルのように収納スペースを埋めていくことができるので、空間を最大限生かすことができます。

**お雛様やクリスマスツリーなども、買った時の箱は捨ててしまって、置きたいスペースの大きさに合わせた四角いケースに入れ替える**という方法があります。

我が家のお雛様は七段飾りで、一体一体箱に入っているため、ものすごくスペースをとっていました。そこで私は、お雛様とお内裏様以外の箱は処分し、一体一体を緩衝材でくるんでまとめて収納したら、小さなコンテナ1個に収まりました。

家電の箱もいりません。ただし、**例外として、扇風機とカセットコンロの箱だけはとっておいてください。**この二つは専用の箱があることで四角くできるので、縦にも横にも積み重ねて収納できるようになります。

## 横に並べて場所をとるモノは宙に浮かす

③の宙に浮かすというのは、平置きにして面積をとっているモノを、吊るすということ

宙に浮かす

です。私は、キッチンに調理器具を吊るすのは掃除がしにくくなるので反対なのですが、アクセサリーや帽子、コサージュや数珠など、こまごましたモノに対してはおすすめです。

例えば、アクセサリーの収納で引き出しを1段使っているとして、その引き出し1個分のスペースを空けたいとなったら、吊るすという選択肢が出てきます。その場合は、**ハンガーラックに引っかけるタイプのアクセサリー収納が便利**です。「アクセサリー　吊るす　アイテム」などで検索すると、色々出てきます。「こうしたい」というゴールを決めたら、「じゃあ、どういう方法があるのか？」と考えて検索する癖をつけるといいですよ。

## 置きたいスペースの大きさに合うようにキュッと縮める

④の空気を抜くということも大事なポイントです。

## 空気を抜く

パッケージを取ることも空気を抜くことに通じますが、さらに、ダウンや布団など、空気を多く含んでいるモノの空気を圧縮することも大事です。

でも、私は布団圧縮袋はおすすめしていません。手間がかかるし掃除機も必要になってくるからです。しかも袋が大きいから、圧縮しても置きたい場所の大きさに合わないことが多いのです。しかも、つるつるすべるから上にモノを積めなくなってしまいます。

私が布団収納でおすすめしているのは、p154でも紹介したイケアのスクッブです。布製なので軽く、サイズ展開やデザインも豊富。チャックで開け閉めするタイプのケース（44×55×19㎝）には、羽毛布団が余裕で入ります。しかも、長方形で縦にも横にもできるため、スペースを有効に使えます。このように、**形がいびつなモノは全部、四角いケースに入れコンパクトに収納**します。例えばぬいぐるみとか、おもちゃとか。収納ケースの形をそろえて四角く積めば、スペースを100％生かすことができますよ。

Rule 30

# あまり使わないのに、どうしても手放せないモノは家から出す

これは最終手段です。

スペースを生み出す大前提は、モノを手放すこと。そして、残すと決めたモノはコンパクト化します。

けれども、どうしても手放せないし、コンパクト化もできない場合は、とりあえず家から出すしかありません。

ある生徒さんは、ヨーグルトメーカーなど、**普段はあまり使わないキッチン家電をコンテナに入れて、ベランダに**置いています。そして、台風が来る時だけ室内にしまっているそうです。

他にも、本やキャンプ用品などをベランダや屋外の物置に置いている生徒さんは多いですよ。ただし、マンションの場合は、規約によって置けない場所もありますし、耐荷重も

あるので注意が必要です。

外に置いてもよいかの判断基準は、

□使用頻度が低いモノ
□劣化しても、まぁいいかと思えるモノ

p129でも書いた無印良品のコンテナ型ボックスは、雨が降っても濡れないし丈夫なので、おすすめです。台風時には家に入れるのを忘れないようにしてくださいね。

他にも手放さず「家から出す」方法としては、**クリーニングの保管サービスや、「サマリーポケット」などの外部保管サービス**が挙げられます。

私も衣類はオフシーズンのモノは全部預けています。季節が変わる時に、クリーニングに必ず出すので、そのまま預けます。ワンピースなども、しわにならないようきれいに保管してもらえるので便利です。

サマリーポケットは、段ボール一箱1か月300円程度で保管してもらえます。**そのお値段を払うのももったいないなら、不要なモノ**ということかもしれません。

Rule 31

# インテリアが苦手なら、家具は白を選ぶのが正解

視覚の効果も利用すると、家はさらにスペースが広く見えます。

一番簡単なルールは、部屋に置く家具を「白」にすること。濃い色の家具は圧迫感があり、重たく感じさせてしまうため、部屋が狭く窮屈に見えてしまいます。なので、**インテリアが苦手な人は、白に逃げる**のが一番！

引っ越し屋さんの段ボールが白に変わったのも、白は軽そうに見えるので疲労感が軽減するという効果を狙ったものだそうですよ。

また、**忙しくてメンテをする時間がない方は、モノを飾らないようにする**のがおすすめです。結婚式のブーケや写真立てがホコリだらけになっているおうちを見かけることがよくあります。汚れはストレスの元になってしまうので、時間がとれない場合は、潔く飾らないと決め、サッと一拭きできれいを保てるシステムにされてはいかがでしょうか。

部屋別！　すっきり見せるポイント

### リビング

□カラーボックスを複数置かない
□収納がない場合、壁面収納を取り入れる（中身が見えない扉付きがベター）
□3色ぐらいでまとめる（床の色+壁の色+自分が好きな色）
□見えるものは見映えのよいモノだけにする

### キッチン

□水切りかごを置かない（乾かす場合はキッチンペーパーなどの上に置く）
□洗い桶を置かない（使ったボウルや鍋に水を張って代用）
□三角コーナーのゴミ箱を置かない（一時的にザルで代用）
□キッチンツールをぶら下げない
□ふきんをぶら下げない（目線より下or扉の内側に引っ掛ける）
□冷蔵庫に何も貼らない
□キッチンマットを敷かない
□シンクの上にモノを置かない

### 子ども部屋

□うすい色の家具を置く（子ども部屋は基本的に狭いので圧迫感を出さないことが大事）
□将来必要になる家具も含め、ベッド、机、棚、システム家具などサイズを測って選ぶ

### 寝室

□バッグを床に置かない（クローゼットの枕棚か、深さのある引き出しケースにしまう）
□万年床をやめる
□ふとんカバーの色をそろえる

### 洗面所

□脱衣かごは、ふたつきで中身が見えないタイプを選ぶ
□洗剤の種類を減らす
□タオルの色をそろえる
□洗濯ラックは扉付きのモノを選ぶ（洗面所に収納するモノは小型のモノが多いので、奥行きはさほどなくてOK）
□洗面台の上に置いておくのは、コップとハンドソープだけにする（歯ブラシもしまう）
□ドライヤーやコテは、布バッグに入れてしまう
□美容家電は部品と一緒に布バッグに入れてしまう

### トイレ

□トイレマットを敷かない
□子どものトイレグッズを置かない（オムツのゴミ箱など）
□子ども用の補助便座はつるす

### お風呂

□シャンプー類をたくさん置かない（自分専用のモノは使用時以外、洗面所に収納）
□掃除道具はつるす

### 玄関

□玄関マットを敷かない
□飾りを置かない（置いていいのは芳香剤か消毒液のみ）
□カギを目に見える場所に置かない（防犯的観点からも大事）
□帰ってきたら靴をすぐにしまう（カビが生えるのは、履いていない靴。普段履いている靴は基本的にはカビないので、すぐにしまってOK）
□傘を必要以上に置かない

# Q4

## 万年床をやめたいけど、夫はどうしても「畳で寝たい派」。ベッドにしてくれません。

（55歳 主婦 女性）

# A

旦那様は、畳の感覚がお好きだけど、奥様は収納スペースを有効に使うためにベッドにしたいんですね。

子どもの頃から畳で寝ていた方は習慣を変えるのが難しいですね。布団で寝ても、布団を干したり、畳んでしまうことができる環境ならば問題はないと思うのですが、万年床は、湿気がたまりダニが繁殖しとても不衛生です。

布団をあげてみたらカビが生えていたおうちは何度も見てきました。旦那様にもそのことをわかってほしいですね。

説得のプロセスとしては、まず、布団があることによって、いかにスペースを無駄にしているかを説明します（詳細はP136を参照）。

**それでも、YESと言っていただけない場合は、「畳ベッド」をおすすめします。**

畳ベッドなら、畳の上にマットレスではなく布団を敷けるので、畳の感覚で寝られます。また、収納付きの畳ベッドを選べば、スペースをさらに有効に使えます。

もし、それもイヤで、**どうしても旦那様が床で寝たいという場合は、奥様はシングルベッドを1台購入し、**そして旦那様は床に布団を敷いて寝るしかありません。

ただ、そうすると旦那様の布団が、やっぱり気になりますよね。押入れにしまう余裕があればいいですが、押入れもパンパンだと、万年床になってしまいます。

万年床は不衛生な上、見た目もざわつきますし、スペースも奪うので、なんとしても避けたいところです。

**その場合は奥の手として、奥様のベッドの上に旦那様の布団をたたんで、のせておく**方法をすすめます。

見た目のざわつきは、カバーをかけておくと軽減できます。

柄のないシンプルなカバーだとすっきり見えますよ。ホコリもつきにくくなるので、衛生面でも安心です。

# 第5章

## 普段も非常時にも役立つ！二度と散らからない「ラク家事」

Rule 32

# 一品で何役もこなせるマルチな家事グッズを選ぶ

お片づけレッスンでよく出てくるのが何種類もの洗剤や、ニンニクむきやリンゴの芯取りなど1種類の作業に特化した100円グッズたち。種類が多いといくらスペースがあっても、収納しきれません。

結局、**モノを減らすには、ひとつでいくつもの機能を持つ「マルチ」な家事グッズを選ぶ**ことが、近道になります。

例えば、マジックソープ。これは天然由来のオーガニックソープですが、頭や体はもちろん、メイク道具や下着類、食器まで洗えます。さらには入浴剤にもなるというマルチぶり。日常的にモノが減らせるばかりでなく、避難所に行くとか、入院するとかいった緊急時もこれ1本で事足りるのは心強いですよね。

私が愛用している、機能がマルチな商品をご紹介しておきますね。

## いくつもの機能を持つ愛用グッズ

**【超電水クリーンシュ!シュ!】** 100%水でできているアルカリイオン水です。油汚れや皮脂汚れに強く、少々口に入っても大丈夫なので、普段はキッチン周りの掃除に使っています。除菌と消臭効果もあるのがうれしいところです。

**【ドーバー　パストリーゼ77】** 国内の酒造メーカーが造っているアルコール除菌スプレーです。食品に直接かけても安全なうえ、お掃除にも使えます。アルコール度数が77度もあるので、除菌の即効性が高いそうです。

**【オキシクリーン】** 酸素系漂白剤です。ふきんやキッチンスポンジなどを煮沸消毒したり、お風呂の残り湯に溶かして、洗面器やお風呂のイスを掃除したりしています。また、もしも家族がコロナの感染が疑われるような状態になったら、衣類やタオルを洗う時に使おうと思っています。

**【マジックソープ】** 天然由来100%のオーガニックソープです。頭や体、赤ちゃんのおもちゃ、メイク道具などを洗えるうえ、入浴剤にもなります。専用洗剤とまではいきませんが、食器を洗うこともできます。

**【花王のシェフ】** 一般的なキッチンペーパーとしての使い方はもちろん、上に食器を置いて乾かしたり、ちぎって、シンクや排水口の中、タッパーの隅を磨いたりしています。天ぷら敷紙の代わりにもなるし、かつおの出汁をギュッと絞る時にも使えます。プロ用なのでとっても丈夫です。

**【十得鍋】** オーブンでも使えてご飯も炊けて、無水調理もできる、入れ子になったモノを使っています。私は、フライパンや味噌汁などを作る小鍋で、天ぷらや唐揚げを揚げています。きれいに洗えば鍋に油がしみこむこともありません。

**【マキタの掃除機】** 布団専用の掃除機は場所をとるうえ、それしか使い道がありませんが、マキタの掃除機は布団にも使えるので便利。軽くて扱いやすく、吊るすこともできるので収納しやすいのも魅力です（p190参照）。

**【羽毛布団】** 吸湿性と保温性に優れているので、オールシーズン使えます。

## マルチに使えるキッチングッズ

体も食器も衣類も洗える万能ソープ。マジックソープベビーマイルド／ネイチャーズウェイ（ドクターブロナー） https://www.drbronner.jp/

洗浄・除菌・消臭が一度にできる水100%の洗浄剤。超電水クリーンシュ!シュ!／ケミコート https://www.denkai.com/

プロ用の、吸水力が高く破れにくいキッチンペーパー。CHEF たっぷり吸収Mサイズ／花王プロフェッショナル https://pro.kao.com/jp/

食品にも使える酒造メーカーのアルコールスプレー。ドーバーパストリーゼ77／ドーバー酒造 https://www.dover.co.jp/special/pasteuriser/

片手ハンドルが取り外せ、入れ子にできるアルミ三層鍋。十得鍋セット／宮崎製作所 https://miyazaki-ss.co.jp/

頑固な皮脂汚れも落とす酸素系漂白剤。オキシクリーンEX／グラフィコ https://www.oxicleanjapan.jp/

Rule 33

# ウイルスは玄関で完全にシャットアウトする

家族の健康を守るために、マスク・手洗い・うがいが大切なのはもちろん、「外から帰ってきた時にウイルスを持ち込まないこと」も徹底する必要があります。

欧米諸国に比べて日本での感染が穏やかなのは、玄関で靴を脱ぐ習慣が幸いしているとも言われていますよね。**家の中を清潔に保つためには、ウイルスを玄関から先へ入れない**ことが何よりも大切です。ですから、今後も玄関除菌を徹底させましょう。

私が行っている、玄関除菌の方法をご紹介します。


【帰宅した場合】

①玄関に置いてある除菌スプレーで、着ていたアウターやバッグ、靴に、シュッシュッとスプレーする

②除菌したアウターやバッグなどを、所定の位置に収納する

【スーパーで買った食材や届いた荷物の場合】
①玄関でスプレーする
②キッチンに運び、パッケージをはがしたり、洗ったりする
③所定の場所に収納する

ちなみに私が使っている除菌スプレーは、先ほど紹介した「超電水クリーンシュ！シュ！」です。同様に、「ドーバー　パストリーゼ77」も愛用しています。

アウターは、スプレー後に各自のクローゼットに入れましょう。

スプレーした後、すぐにクローゼットにしまうと「除菌しきれなかったウイルスが、他の衣類についてしまうのでは」と心配される方もいるようです。

でも、実は**出しっぱなしが一番不衛生**なんですよ。わずかに残った菌があったとしても、収納すれば広がらず、時間がたてば不活性化します。どうしても気になる場合は、スプレーした後に、ベランダにしばらく干しておくといいかもしれません。

ですから、くれぐれも玄関わきの物置部屋に置きっぱなしにはしないでくださいね。

## 玄関、トイレ、キッチン……。マット類は敷かない

また、清潔を保つためにぜひ、試していただきたいのが、「玄関マットを敷かない」ということです。

玄関マットがあると、下に埃がたまりますし、掃除機をかける時も、いちいちめくらなくてはいけません。しかも、厚手で洗濯しにくいので、乾きにくく洗濯の頻度が低くなりがちです。こう考えると、玄関マットをなくすほうが断然、家事がラクになります。

□下に埃がたまる↓不衛生
□掃除機をかけるのが大変↓時間と労力の無駄
□厚手で洗濯しにくい↓洗濯の頻度が落ち、菌が繁殖しやすくなる

しかも、スーパーの袋や届いた段ボール箱などは、玄関にいったん置くことが多いと思います。その時、玄関マットにウイルスが付着してしまうかもしれません。そして、そう

とは知らずに家族が玄関マットを踏んで、部屋のあちこちに移動すると思うと、ちょっと心配になりませんか？　マットがなければ玄関に人の出入りがあるたびに除菌スプレーをかけられますし、水拭きだってできます。

**マットは、玄関マットだけではなく、トイレ、キッチン、リビングなどに敷くモノもすべてを外してしまいましょう。**そのほうが掃除もラクだし、清潔に保てます。

キッチンは水滴が気になるので、マットを敷かれている方が多いですよね。でも、キッチンの床には、粉物の料理をしたら粉がパラパラ落ちるし、野菜のカスや土が落ちたりして、必ず汚れます。マットを敷いていると見えないけれど、落ちた汚れが溜まっていいます。マットがないほうが汚れに気付きやすいですすし、その都度、ササッと拭けば掃除も完了します。私はずぼらなので、キッチンの足元には雑巾を置いて、お醤油をこぼした時とかは足で拭いてしまっています（笑）。

使い終えた雑巾は、洗面所で軽く予洗いをしてドラム式の洗濯乾燥機で衣類と一緒に洗っています。

トイレも、除菌シートで拭けば3分で終わりますよね。

そのほかにも、家の中にはお風呂のマットや、ティッシュカバー、ピアノカバーなど出しっぱなしで埃をかぶっているモノがたくさんあります。これを機に全部、スッキリ外してしてみてはいかがでしょう?

## ジョイントマットの下はゴミだらけ

特にパズル型のジョイントマットは、ゴミが溜まりやすいです。

敷いている方は、1枚めくってみてください。掃除機では取り切れない砂埃やチリ、髪の毛、食べかすなどがぎっしり挟まってはいませんか?

埃がそれだけ溜まるということは、家の中に入ってきてしまったウイルスも、その場に停滞してしまうということです。

長年のチリがフローリングに傷をつけ、どんなに拭き掃除をしても跡がとれなくなってしまうお宅が本当にたくさんあります。**資産価値が落ちてしまうので、何年も敷きっぱなしは絶対にNGです。**もし、防音のためにどうしても敷く必要がある場合は、洗濯できるラグにするなど、工夫してみてくださいね。

Rule 34

掃除

# 時短&衛生的な使い捨てグッズを使う

トイレは、感染対策をするうえでとても重要な場所なので、お掃除をしっかりしたいですよね。お掃除グッズはたくさん出回っていますが、我が家が使っているのは二つだけ。

□ブラシ部分を使い捨てできるトイレブラシ
□ウエットタイプのトイレシート

我が家のトイレ掃除の方法はこうです。

①比較的きれいな場所（壁）をウエットシートで拭く
②ドア、床、タンク、便器の側面、便座、便座の裏の順番で拭いていく
③使い捨てのトイレブラシで便器の中を掃除する

使い捨てブラシは、**ジョンソンの「流せるトイレブラシ」**を使っています。従来型のトイレブラシは床に置くことになるので埃が溜まりやすいですし、清潔面でもイマイチですよね。その点、「流せるトイレブラシ」は、ブラシの先端部分に濃縮洗剤が染み込ませてあるのでトイレ洗剤自体が必要なく、ワンタッチでブラシの着脱ができ、手を汚さずに交換できます。トイレの縁や奥までしっかり届く形状なのも気に入っています。

しかも、軽いので、吊るすこともできます。トイレブラシには専用の台が付いていますが、これを床に置いてしまっては元の木阿弥ですので、私は**タンクの目立たない部分に粘着タイプのフックを付けて吊るしています。**そして、トイレ掃除の後は、トイレットペーパーで軽く拭き、水が滴らないようにしています。

ちなみに、ブラシ部分のストックは残りの数が把握できるように、容器を移し替えて使っています。**セリアの白いストレージケース**はストックがぴったり入ります。

**トイレシートはアスクル**のものを愛用しています。個人向け通販サービス・ロハコで定期的に買っています。しっかり厚みがあって破れにくく、力を入れて拭けるんです。1回の掃除に3枚ほど使っています。

Rule 35

掃除

# 夕食後、キッチン周りは15分でざっと拭く

キッチンが散らかる一番の原因は、モノが多いことです。お皿や鍋、食材などを棚にうまくしまえないため、ついつい出しっぱなしになっているケースがよくあります。

ですから、まずはモノの数を減らしましょう。

**「水切りかご（大きなふきんやキッチンペーパーで代用）」「三角コーナーのゴミ箱（必要な時だけザルで代用）」「洗い桶（使い終わった鍋やボウルで代用）」の3点セット**のほか、てんぷら鍋、パスタ鍋、サラダスピナー、ニンニク潰し器などの専用グッズは処分対象品です。

そして、料理を作る時以外は、キッチンの作業台には何も置かないようにしましょう。モノが置いてなければ食材を広げることができて、段取りよく調理できますし、拭き掃除もこまめにできるので、キッチン周りが油でギトギトになることもありません。

また、地震の時に食器や鍋が落ちて割れることもありませんし、コンロの近くにあるモ

ノに火がついてしまう恐れも少なくなるので、防災にも有効です。

とはいえ、そこで生活し、活動しているわけですから、いくら片づけても、モノを減らしても、散らかるのはある意味当然です。もちろん、使ったモノをその都度しまえばいいのですが、そうはいかないこともありますよね。特にリビングやキッチンはみんなが集まる場所なのでいつの間にかモノは集まってきます。

だからこそ、私が大切にしているのが**「閉店ガラガラ」と呼ぶ、「15分リセット」**です。

リセットというのは、モノをあるべき場所へ戻すこと。

作業台に出しっぱなしの鍋や洗いっぱなしの食器類、調味料などをすべて元の場所に戻し、すっきり片づいた状態に整えます。そうすると、次に料理に取り掛かる時、片づけから始めなくてすむので、料理するのが面倒に感じません。夜になると生徒さんとキッチンのリセット風景を送り合い、「今日もみなさんお疲れ様でした」とねぎらい合っています。

## 適当で構わないので「毎日拭く」ことが重要

15分リセットの一環で習慣にしてほしいのが、拭き掃除です。

作業台やコンロ、レンジの中、壁や冷蔵庫の扉など、その日使ったところをざっと拭いてしまいましょう。「拭き残しても、明日拭けばいいや」くらいの適当さでOK。毎日やるほうが重要です。壁面にキッチンツールを吊るしていたり、冷蔵庫にプリントを貼ったりしていると、壁も扉も拭けません。ですから、**作業台同様、何もない状態にしておきましょう。**ちなみに、「洗い物用のキッチングローブは吊るすしかないですよね？」と聞かれることがありますが、あれも、使い終わったら手に付けた状態のまま洗ってタオルで拭いて、しまえばいいと思います。手をタオルで拭くのと同じ感覚ですよ。

**冷蔵庫の扉を開けたところの台は汚れがちな場所**です。リセット時だけではなく、何か食材を取り出した際にさっと拭くなど、こまめに掃除するようにしましょう。

五徳を洗うのが面倒だという相談もよく受けます。でも、今どきの五徳は、意外と簡単に汚れが落ちるモノが多いです。超電水スプレーをしてラップをして、しばらく置いてからこすってみてください。

五徳自体を完璧にきれいにしようとするのではなくて、外した周りの油汚れや壁面にも注目しましょう。全体がざっときれいになれば、五徳の焦げも目立たなくなります。**「ミクロじゃなく全体を見て掃除する」**ことを意識してみてくださいね。

Rule 36

洗濯

# 洗濯物は、干さない！

私は、洗濯物を干すほど無駄なことはないと思っています。

なぜかと言うと、いつ乾くかわからないから。いつ乾くかがわかっていれば、百歩譲って干してもいいけれど、今日終わるかわからない、明日終わるかわからない仕事は「改善」が必要です。

**いつ終わるかわからないような家事ってストレスフル**ですよね。時間がわからないと予定を立てにくいし、急に作業することになって振り回されるのは時間の無駄だと思うのです。

ですから私は、洗濯物は干しません。ほとんどのモノは洗濯乾燥機を使っています。

初めて購入したのは、不動産の仕事が忙しくなったころです。そのころ、義理の母は施設のお世話になっていましたが、連休には帰宅していたので、帰宅時は大量の洗濯物がありました。それを干すのは重労働ですし、天気が悪ければ、施設に戻るまでに洗濯物が乾かない可能性だってあります。それで、思い切って日立のビッグドラムを購入したら、その悩みが一気になくなりました。汚れ物が出ても、「はいはい、大丈夫ですよ～」と軽く受け流すこともできました。だって、洗濯機に放り込むだけでいいんですから。

そんな経験があるので、**子育てや介護などで忙しい人こそ、洗濯乾燥機を使ってほしい**と思っています。それだけでイライラが減り、家族と会話をする時間や笑顔でいられる時間がきっと増えますよ。

ちなみに洗濯乾燥機を使う場合は、あらかじめ「手洗いコースのモノ」「ガンガン洗って乾燥までかけていいモノ」に分けておくとスムーズです。家族に協力してもらい、各自で分けるようにしましょう。なるべく乾燥機OKの衣類を選ぶこともポイントです。

## 速乾性の高いタオル、衣類を使う

洗濯乾燥機はとても便利ですが、大きくて値段も張るので、スペース的に置けないことや、購入をためらうこともあると思います。その場合は、「いかにして早く乾かすか」を考える必要があります。

私はここ数年、**タオルも台ふきんも雑巾も、すべてマイクロファイバーのモノを使っています。**あっという間に乾くうえ、吸水性が高く肌触りはいつもさらさら。雑巾として使う時も力を入れずにさっと汚れが取れるので重宝しています。さらに、最近は衣類も速乾性の高いモノを導入しました。

新型コロナの自粛中、どうしても運動不足になってしまったため、早朝ランニングを始めました。ゆっくりペースで20分ほど走っています。

そんなランニング生活のために手に入れたのが、速乾性の高いスポーツウエアです。洗濯しても乾燥をかけるまでもなく、あっという間に乾いてしまいますし、着心地がさわやかでびっくりしています。万が一避難所に行くことになった場合も、速乾性が高ければ、多少汗をかいても我慢できますし、洗濯しやすいはずです。

また、すぐに乾くので、洗い替え用を持つ必要もありません。だから、服の量も減らせて収納に余裕が生まれるというメリットもあります。

**これからは、衣類も機能性を重視する時代**かもしれません。家に乾燥機がない方は、特に便利だと思いますよ。

Rule 37

洗濯

# 旅先でも災害時にも役立つ「ポリ袋洗濯」を身に付ける

備えるべきは、感染症だけではありません。災害が起きた時にも慌てないように、非常時にも使える家事を習得しておくと安心です。

そこで、災害が起こった時に役立つ「ポリ袋洗濯」の方法をご紹介します。旅先などでちょっと洗濯したい時にも使えます。

①ポリ袋に洗濯物を入れ、衣類がしっかり濡れるくらい水を入れる
②マジックソープを目分量で入れて、口が開かないようにシャカシャカ振る
③石けん水を捨てたら袋の中で衣類をしぼり、新しい水を入れてすすぐ

マジックソープは、p170でも紹介したように、無農薬有機栽培で作られた植物オイ

ルを配合した液体石けんです。少量で泡立つのが気に入っていて、ふだんからボディシャンプー、ハンドソープ、台所洗剤（生肉を触った手もすぐに洗えて便利。ハンドソープも兼ねています）、メイクブラシやスポンジを洗ったりと、色々な用途で愛用しています。

この方法だと、簡単に洗濯できますし、何よりも、**最低限の水で洗濯できる**ところが素晴らしいと思います。災害が起きて水が使えなくなった時、避難所暮らしになった時も、この方法であれば少ない水で洗濯することが可能です。もしもの時に備えて、ぜひ試しておいてくださいね。

## 旅行や出張にも便利

また、旅行の際には、海辺のリゾートで水着を洗う時などにも便利です。下着や靴下なども、必要最低限だけ持参してホテルで洗うようにすると、荷物を減らせます。

私も、コロナ前に出張を頻繁にしていたころは、マジックソープを100円ショップで買った柔らかいタイプのボトルに入れて、持って行っていました。硬いボトルだと中身が出しにくいので、柔らかくて指で押せるタイプがおすすめです。

Rule 38

洗濯

# 布団は干さない！

クラスターが発生したダイヤモンドプリンセス号で行われた調査によると、2番目に多くウイルスが検出されたのは枕だったそう。布団や枕を清潔に保つことはとても大切ですが、外に布団を干すのって大変ですよね。

なので、私は布団は干しません。そのかわり、次のことを毎朝のルーティンとして行っています。

□寝室の窓を開けて、ベッドのシーツを伸ばし、コロコロ（粘着式クリーナー）で髪の毛や埃をさっと取る（コロコロは個人の部屋に一つずつ置いておくと便利です）

□掛け布団を整えたら、マットレスとの間に布団乾燥機を入れてON

このルーティンさえしていれば、夜寝る時はいつも快適です。冬は外に干すよりもずっとふかふか、ぬくぬく。夏は寝汗を温風で飛ばせるので、サラサラになります。

**最近の布団乾燥機はサイズもA4大と小さく、クローゼットの隙間などに収納しやすい**ですし、価格も1万円台とお手頃。布団を干す重労働から解放され、雨や花粉、排気ガスなどを気にせずケアできるので本当におすすめです。

ちなみに、布団専用の掃除機はなくて大丈夫。私はシーツを取り換えるタイミングでマキタの充電式クリーナーに別売りの布団ノズルをつけかえて、マットレスに掃除機をかけています。

軽くて扱いやすく、吊るして収納もできる。充電式クリーナ CL280FD(RFW)マキタ
https://www.makita.co.jp/

Rule 39

料理

# 2週間分の献立を考えて買い物をする

コロナなどの感染リスクを減らすためにも、時短のためにも、買い物の頻度はできるだけ減らしたいですよね。万一の時に備えてお米などは1か月分備蓄しておくことに加え、ふだんから2週間分の献立を考えて、食品をまとめ買いするようにしましょう。

「一度に買うと、食材がいたんでしまうのでは？」と不安に思うかもしれません。私も、外出自粛期間中に、どうすれば鮮度を保てるのだろうと思って色々試しました。

その結果「これはいい！」と思った便利なアイテムを2つご紹介します。

【フードシールド】

食材を真空パックにするアイテムです。保存したい食材をポリ袋に入れて、袋のはじを機械で閉じるだけです。肉や魚はもちろん、汁物もいけるので、とても便利。

大きさはA3の縦半分くらいで、厚みは7センチほど。価格は1万5000円くらいでした。**場所をとらないし、冷凍しても霜がつかないので、ラップで包んで冷凍するよりも断然おいしい**です。しかも、レンジでチンができるし、湯煎《ゆせん》もできるので鍋が汚れません。

解凍する時はアルミの鍋と鍋の間に解凍したい食材をはさんで、上の鍋に水を入れておくと、15分くらいでほどよくできますよ。夫がテレビで得たプチテクニックです（笑）。テレビではアルミの鍋を使っていましたが、我が家のステンレスの鍋でも大丈夫でした。

【愛菜果（あいさいか）】

野菜や果物の鮮度を保持する袋です。野菜や果物が腐りやすくなるエチレンガスを吸着透過させる特別な粉末が、袋に加工されているそうで、確かに効果がありました。S、M、L、ロングサイズと、4タイプの大きさがあるので、入れる野菜によって選ぶといいと思います。

2週間分まとめ買いをすると、どうしても冷蔵庫の中で古くなっていくものが出てきます。そこで、週に一回この日と決めて（ゴミの日の前など）冷蔵庫の全出し掃除をしましょう。その際もう食べないといけないものを見極め、その日はそれを食べきります。

また、**献立は、一人で決めずに家族と一緒に決めましょう。**

頑張って計画を立てたのに、「今日ハンバーグかぁ」とか言われるとがっかりしちゃいますよね。ですから私は、子どもたちと暮らしていたころは3日分の献立の希望を家族に聞いていました。コロッケとか面倒なリクエストがあった場合は代替案を提案するんですけど（笑）、そうやってみんなで事前に決めておくと、家族も喜んでくれますよ。

食材を真空パックできるフードシールド。

野菜や果物のフレッシュさを保つ。愛菜果　L／関西紙工　http://www.kansaishiko.co.jp/

Rule 40

料理

# ベランダ菜園でプチ自給自足する

**買い物の頻度を減らしつつ、新鮮な食材を食べるもう一つの方法は、自分で育ててしまうこと**です。

私はベランダ菜園で、トマトや大葉、イタリアンパセリ、プリーツレタス、フェンネル、ローズマリー、ミント、はつか大根など、色々育てています。トマトは夏から秋にかけて毎日収穫していました。はつか大根は、20日ではできなくて、30日くらいかかりますけど、お漬物やぬか漬けに入れたりして、おかずとして活躍します。

**ベランダ菜園は、非常時のちょっとした安心につながるほか、お弁当作りにも重宝**します。いろどりとして、ちょっとレタスを入れたい時とかありますよね。でも、それだけのために買いに行くのは面倒だし、高い時もあります。そんな時、すごく役立ちます。また、ミントは香りがいいので、ミントティーにしたり、ネットに入れてバスタブに入れたり、玄関にまいてホウキで掃き掃除をしたり、色々な用途に使えて便利です。

「虫が苦手だから、ベランダ菜園はちょっと……」という方もいらっしゃいますが、そういう方には、**お酢スプレーがおすすめ**です。

普通のお酢でも効果があると言われていますが、アース製薬などのメーカーからも発売されています。「やさお酢」という商品には「食酢100％でできているので収穫直前まであらゆる植物の病気と虫の退治と予防に使える」と書かれています。

ただ、ベランダ菜園の難点は、鉢を捨てる時に困ること。大きくて重いし、モノによっては粗大ゴミ処理券が必要になることもあります。

ですから私は、**フェルトの生地でできた、布袋のような鉢を使っています。**これだと軽いので移動しやすいですし、いらなくなったら燃えるゴミで捨てられるので便利です。虫が寄ってきた時もどかしやすいですし、台風が来る時、室内に運び入れるのも簡単です。

なお、マンションでベランダ菜園をする場合は、避難経路を確保する必要があるので、規約をよく読んでから楽しんでくださいね。

Rule 41

料理

# 「かさ増し料理」を得意にする!

食材を2週間分まとめ買いをしても、終盤になればなるほど、食材は減っていきます。そして「肉を使い回す予定だったのに、ひき肉と豚肉が微妙に余っちゃった」「野菜がちょっとずつ残っている」というようなことも起こります。

ですから、**冷蔵庫のありもので、献立をうまく回すコツ**も習得しておくと便利です。

例えば、ちょっとの肉と野菜しかないという場合、足りない食材をすぐに買いに走るのではなく、「鶏肉が少しと豚肉が100gしかないけど、両方入れてカレーにしよう」とか、**「チャーハンにする」、「卵を入れてオムレツにする」、「スープにする」など、自分にとって作りやすい、「かさ増し料理」の方法を知っておく**といいですよ。そうすれば、買い物にわざわざ行かなくても、1食分、ひねり出すことができます!

私の、イチオシのかさ増し料理は、グラタンです。

グラタンって、実はすごく簡単なんです。ベシャメルソースを作るのも、小麦粉と牛乳と、レンジで溶かしたバターを入れて、ちょっと溶いて再度レンジでチンするだけ。それがあれば、少しだけ残っている鶏肉や魚介の冷凍食品をかさ増しして、マカロニやパスタ、ご飯などと一緒にオーブンで焼けばグラタンやドリアが完成します。味に変化をつけたければ、カレー粉を入れてもおいしいです。

レシピを忠実に再現しようとするよりも、「お店で、あんな料理を食べたことがあったな」「お母さんが昔、あんな料理作ってたな」というような、なんとなくのゴールを目指して作る方が、応用が利いていいと思います。

## 味付けのアレンジを知っておけばレシピは何倍にもなる

レシピがなくてもいろんな料理を作れるようになるには、味付けのアレンジを知っておくことも大切です。

例えば、**カレー味、醤油バター味、味噌バター味、味噌マヨネーズ味、醤油マヨネーズ味**など。

じゃがいも1個を食べるにしても、塩コショウだけではなくて、今挙げたような味付けのアレンジをしたら、まったく飽きないですよ。

いろいろな味付けを知ったうえで、食材を煮たり焼いたりして掛け合わせていったら、料理はどんどん上手になると思います。

レシピ名から考えると「あの材料がないから作れない」となってしまいますが、色々な味付けのバリエーションを知っていれば、ただお肉を焼いただけでも、まったく違う料理のようになります。

ただのちくわでも、マヨネーズとコチュジャンをつけるとおいしかったりします。**レシピ名はなくても、おかずとして立派に一品になります。**

私は、こういったアレンジをお弁当作りの時によく実験していました。そして、うまくいったらバージョンアップして晩ごはんに登場させるのです。

こういうことをしているうちに、冷蔵庫のありもので料理を手際よく作れるようになりますよ。

Rule 42

料理

# 買ってきた野菜は洗って冷蔵庫に入れる

「料理」って、実は作業がとても多岐に渡っています。

買い物をする。買ったモノを袋から出す。感染症の流行中はモノの除菌もする。冷蔵庫にしまう。下ごしらえをする。調理する。器に入れて配膳する。後片づけをする……。

ですから、**調理だけのつもりで取り掛かると、どっと疲れてしまう**ことがあります。

買い物袋からホウレンソウを出して、洗って、刻んで。この時点であちこちビチャビチャになってます。さらに、火にかけて、お皿に盛りつけて、配膳。洗い物がシンクに戻ってくると、キッチンはもうぐちゃぐちゃです。これでは、疲れて当たり前。

これを解消するポイントは、**一連の作業を一気にしようとせず、小分けにする**ことです。

例えば、野菜は先に洗って冷蔵庫に入れておくのがおすすめです。

洗ってあれば、料理番組のようにさっと取り出して、すぐに取り掛かることができます。野菜室から葉物を引きちぎって味噌汁に入れることもできますし、せいろに並べたり、レンチンするだけでもいいし、なんなら、そのまま食べてもいいわけです。

## ついでに切っておくとさらにラク

野菜を切る時にまとめて切るのも一つのテクニック。一品作るたびにいちいち切るのではなく、**一度に切っておくほうが動作に無駄がない**ので確実に時短になります。

また、料理の下ごしらえをする際は、衛生面から考えて生野菜↓肉・魚の順で調理するのが鉄則です。p203で説明するようにオーブンシートをまな板に敷くワザもありますが、それをしない場合は、いちいちまな板を洗わなくてはいけません。その手間を省くためにも、使う野菜はまとめて最初に切っておくのがおすすめです。

私は、**調理中に半分しか使わない玉ねぎなども、その時に残りも刻んで、フリーザーバッグに入れて冷凍**しています。これがあると、次の料理にすぐに生かせます。

また、切れっ端の大根、にんじん、長いも、ごぼうなどは冷蔵庫の中のぬか床に放り込んでおけば、いつでも一品として使えて便利です。

Rule 43

料理

# 同じ大きさのフリーザーバッグに入れて検索性を上げる

冷凍保存はとても便利ですがたくさん冷凍していると、食材が重なりあって、どこに何があるのかわからなくなることがありますよね。探すのは時間の無駄ですし、冷気も逃げてしまいます。さらに、発掘されずに放置されると、食材のロスにもつながります。

これを防ぐためには、**フリーザーバッグで管理して検索性を上げる**のがおすすめです。

私の場合は、野菜類は刻んで平たくし、肉はトレーから外して、元のラップに包んだうえでフリーザーバッグに入れています。**元のラップをそのまま使うのは消費期限が書いてあって便利だから**です。今はコロナが心配なので、元のラップはきれいに消毒してから入れています。

そしてこの時のポイントは、フリーザーバッグの大きさをそろえることです。

冷凍庫の大きさに対して、極端に小さいフリーザーバッグだと埋もれて見つからなくなります。

この方法をお伝えすると「こういうのは憧れるんですけど、ファミリーサイズのアイスとか、不規則なモノを買うと崩壊するんですよ」と言われることがあります。

そういう時は、箱から出して、中の小分けのアイスだけをフリーザーバッグに移し替えるんです。そうすると崩壊しませんよ。

箱やトレーに入ったまま冷凍庫にしまうと、かさばるうえに、モノを探しにくくなります。

同サイズのフリーザーバッグに食材を入れ、立てて収納。省スペース&検索性アップ。

ちなみに、野菜はほとんどなんでも冷凍できます。色々試しましたが、生のじゃがいも以外は大丈夫でした。

トマトは冷凍しておくと皮がつるんとむけて便利ですし、きのこ類はうまみが増します。

Rule 44

料理

# まな板にオーブンシートを敷いて、洗い物を減らす

私は、お刺身や、焼いた肉を切るときは、まな板の上にオーブンシートを敷いています。そうすると、まな板が汚れることもありませんので何枚もまな板を持つ必要はありません し、お刺身を衛生的な状態で切ることができて安心です。

私が愛用しているのは、「アルファミック」というメーカーのモノです。適度な厚みがあり水に強くて丈夫。塊肉を切るような時も破れにくいです。長さも50mあるので、半年に一度買い足せば充分足ります。

**オーブンシートは、水が貴重になる災害時も活用できる**と思います。

食材を切る時に、オーブンシートをまな板に重ねておけば、洗う必要があるのは包丁だけ。まな板はたくさん水を使わないとしっかり洗えませんから、水の節約にもなります。

また、災害時にはお皿にラップを重ねたり、お皿代わりにキッチンペーパーを使ったり

するのも水の節約に有効です。

私はキッチンペーパーも普段からよく使います。洗った食器を伏せていき、食器を拭いて食器棚に戻したら、そのキッチンペーパーでシンクを拭き、最後はキッチンの排水口の奥の掃除に使って捨てます。子供たちが小さい頃は、朝バタバタしている時キッチンペーパーをお皿がわりにして、チーズトーストなどを載せ、洗い物を減らしたりもしました。**ラップをシンクにバーッと広げて、そこでパン粉や小麦粉をつけてフライを作るということも**よくあります。

東京在住の生徒さんは、大型台風に備えてスーパーに紙皿を買いに行ったところ、売り切れだったと言っていました。今回の新型コロナのマスク騒動もそうですが、災害に対し、何かを買いに走ることで安心する方が多いように思います。

でも、災害時は混雑した場所へ買い物に行くより、持ち出しグッズの再確認をするほうがずっと大事。ラップを重ねれば紙皿は必要ありませんし、余分なストックスペースも減らせます。

**日頃から洗い物をしない災害時の練習をしておけば万が一の際にも慌てなくてすみます。**普段の暮らしだって時短になって快適になるはず。ぜひ、試してみてください。

「片づけたいのに片づけられない」モヤモヤ相談室⑤

## Q5

**開封済みの乾物や粉類は、ビンに入れてもかさばるし、ゴムで縛っておくのも見苦しい。どうすれば？** （48歳 医師 女性）

## A

開封済みのゴマ、わかめ、ひじき、麩というような乾物は、それぞれを瓶やケースに入れると、かさばって場所をとってしまいますよね。

それがイヤで、買ったままの袋を輪ゴムやクリップで留めてカゴなどに入れている方も多いと思います。

でも、それはそれで難点がありますよね。袋がかさばるので、使う時に出し入れしにくかったり、カゴからあふれてしまったり。

**そこでおすすめなのが、「相乗り収納」**です。**袋のまま、乾物ストッカーに複数の乾物を入れてしまう方法**です。例えば、**パスタ、そうめん、春雨などは「麺」という括り**で、ひとつのケースに入れて保管します。同様に、**ひ**

軽くて丈夫で開けやすく、割れにくいプラスチック保存容器。高気密性でしっかり密閉。小麦粉1袋がまるまる入る1.4ℓをはじめ、サイズ展開が豊富。安心の日本製。フレッシュロックホワイト　角形1.4ℓ／タケヤ化学工業
https://takeyajp.com/series/freshlok/

出し入れしやすいスリムタイプ。乾燥剤が本体と底ブタの間に入っているので、食品を入れたまま乾燥剤の取り出し、取り付けが可能。2サイズあり。乾物ストッカー4.0（ナチュラル）W10×D 20.9×H 26／イノマタ化学　http://www.inomata-k.co.jp

**じき、のり、わかめなど**は**「海藻」という括りで保管**します。ラベリングしておくとわかりやすいですよ。

**粉類は、1袋が全部入る容器に移し替え**ましょう。

袋のままだと中身が飛び散りやすいうえ、分量も測りにくいので、移し替えるのが鉄則です。粉の飛び散りがなくなり、作業台が汚れにくくなるので、掃除の手間も省けます。

**容器を選ぶポイントは、「口が広い（移し替えやすい）」「密閉性が高い」「軽い」**ということ。

かわいい小瓶に移し替えて調理台に並べる人もいますが、小瓶だと1袋分が入りきらないので、袋とのダブル保管になってしまいます。スペースの無駄使いになるうえ、ストックの有無もわかりにくいので、一元管理をしましょう。

# 第6章

# 必要な情報がすぐ取り出せる！書類管理のノウハウ

Rule 45

# 書類整理は、片づけの総仕上げとして最後に行う

モノを片づけるという作業の中でも、少し種類が違うのが「書類」の整理です。前述の「片づけ合宿」の中でも書類整理はすべてが終わった後にやると書きました。

**これを一番最後に行う理由は、モノがあふれた部屋の中だと、作業の効率が悪いから**です。散らかった部屋だと思考が止まり、要・不要を判断するのに時間がかかりますし、財産に関する重要な書類をうっかり捨ててしまうかもしれません。また、モノが散在しているせいで、せっかく仕分けた書類がごちゃごちゃになることもあります。

そうすると、朝から夕方まで一生懸命取り組んでも、ゴミ袋一つ分しか終わってない、そしてものすごく疲れる、という事態に陥ります。そのうえ、部屋の見た目はまったく変わらないので達成感を得にくく、そこで片づけを挫折してしまう人がとても多いのです。

ですから、書類整理は最後！

きれいになったリビングで、落ち着いてお茶でも飲みながら目を通していきましょう。

書類の山を前にすると、自分にできるか不安になるかもしれませんが、実は書類整理はとっても簡単なんですよ。**モノを片づけるのは、思い出と闘うこともあるので大変ですが、書類には感情が入りません。**ですから、要・不要の判断基準と、整理の仕方のルールさえわかっていれば、あとは機械的に作業を進められます。

## 結局、紙から散らかっていく

「片づけ合宿」を終えると、「もう、ほとんど終わったぁ」と気が抜けてしまい、ずるずると書類整理を引き延ばしてしまう人がいます。でも、ゴールに到達する前に手を抜くと、濁流に流されてしまいがち！　書類は今ある分だけではなく、郵便物やチラシ、学校からの手紙など、けっこうな量が毎日家に入ってきます。結局、紙から散らかっていくんです。また、withコロナの時代は、家を柔軟に使いこなすためにも、紙の資料を減らし、ノートPCひとつで移動できるくらい身軽であることが大切です。書類をしっかり整理し、管理できるシステムを作り、片づけのゴールまで泳ぎ切りましょう。

Rule 46

# とっておく書類は〝金目のモノ〟だけでいい

まずは、書類一枚一枚に目を通し、要・不要を判断していきます。少ないほうが管理がしやすいですから、大事なモノを5秒で取り出せるように書類を厳選します。

**書類を残す判断基準は、たった一つ、〝金目のモノ〟かどうか**(笑)。金目のモノというのは、証券、証書、契約書、年末控除の書類など、お金に関係するものですね。

ねんきん定期便やクレジットカードの明細などは、単なる「お知らせ」なので確認すれば捨てて大丈夫です。年金は、ねんきんネットに入ればいつでもｗｅｂで確認できます。

預金通帳も同様です。片づけレッスンの生徒さんたちは真面目なので、歴代の預金通帳をずっと保管されているのですが、確定申告していない方は、保管義務はありませんので使い終わった通帳は捨てても問題ありません。ｗｅｂ通帳にすれば、お金の流れを把握しやすいので便利ですよ。

## 書類の管理方法

### ①捨てていいモノ

チラシ／DM／レシート／契約が終了している見積書・保証書／思い入れのない手紙…etc.

### ②確認してから捨てるモノ

クレジットカードの明細／保険会社からのお知らせ／金融機関からのお知らせ…etc.

### ③データ化すると管理しやすいモノ

行きたい店のチラシ／名刺／学校からのお便り（年間行事予定表・月間行事予定表・献立表・連絡網）／健康診断の結果…etc.

### ④アプリやwebを使うと管理しやすいモノ

取扱説明書→トリセツ
ポイントカード→Stocard
お薬手帳→EPARKお薬手帳
ねんきん定期便→ねんきんネット
年賀状→スマホで年賀状
預金通帳→オンラインバンキング…etc.

### ⑤保管するモノ

年末調整に関する物／確定申告に必要な物／保険証書／住宅関係（重要事項説明書、土地売買契約書、登記識別情報または登記済権利書、地積測量図、境界確認書、地盤調査報告書、住宅性能評価書、既存住宅性能評価書など、物件の構造を客観的に示すデータ）…etc.

↓

**残ったモノをファイルボックスに入れて管理する**

Rule 47

# 情報として残しておきたいモノはデータ化しクラウドに保存

学校からのお知らせや健康診断の結果、買い物メモなど、**その書類自体ではなく、そこに載っている情報が大切なモノはデータ化し、クラウドなどに保存**をします。

私は、「Evernote」と「Googleキープ」を使っています。Googleキープのいいところは、

□無料
□簡単
□検索性がいい
□「Googleカレンダー」と連動できる

Googleアカウントがあれば誰でも無料で利用できますし、スマホやパソコンが不得意

な方でも感覚的に操作することができます。残しておきたい書類を撮影して、メモとして保存するだけです。机の上にバーッと並んでいた書類が、そのままGoogleキープに収まるようなイメージです。優先度や種類別に色分けすることもでき、すごく便利です。もちろん、写真でなく文字だけのメモを保存することもできますし、チェックリストも作れます。写真に文字を追記して保存することもできます。

Evernoteのように階層を分けて、きれいに整理することはできませんが、検索性が高いので問題ないと感じています。最近、Evernoteもアップデートして検索性が上がりましたが、とりあえず放り込んでおいても、後で引っ張り出せるというのはとても便利ですよね。

## 大事なデータは二重管理をする

Googleカレンダーとも連動もできるので、Googleキープに予定をメモすると、カレンダーがお知らせしてくれます。さらに、日時だけではなく、位置情報と連動してお知らせ機能を使うこともできます。例えば、「今度100均に行ったら、○○を買おう」と思っている場合、その100均の**お店の場所を登録して、「○○を買う」とメモしておくと、**

**そのお店へ行ったときに教えてくれます。** こうすると買い忘れがありません。

そして、終わった予定や、念のため残しておきたい情報はアーカイブできます。アーカイブというのは、保管するというような意味。机の上に広げていた書類を、「これは今、ここになくてもいいや」と、本棚にしまうようなイメージです。パスワードなどの重要な情報も、アーカイブしておけば人目につかないのでいいと思います。

私はEvernoteの有料会員なのですが、今後は無料の範囲まで使用量を減らして、メインで使うのはGoogleキープにしようと考えています。

ただし、**大事なデータは、バックアップをとって二重管理しておくことが大切**です。1か所だけだと、万一、何かあったときに怖いですよね。

とりあえず私は、Evernote（無料で使える範囲）とGoogleキープの二重管理でいく予定ですが、他にも、iCloudやLINEキープなど、色々ありますので、実際に試してみて、自分にとって使いやすいモノを見つけていくことが大切かなと思います。

## 大量の書類はスキャナーでサクサク保存

仕事で使う書類はスキャンして、スマホやiPad Proに入れています。また専用のペンシルでiPad上の書類やノートに手書きの感覚で書き込むこともできます。iPadを使うようになってから、紙のノートや手帳、資料を持ち歩くこともなくなり出張の時も、とても身軽になりました。

トークイベントの時に記入していただくアンケートなどもスキャンしています。毎回80枚くらいになりますが、その場でスキャンしたり、スキマ時間にちょこちょこできるので、とても便利です。

私が使っているのは、富士通の「Scan Snap ix100」です。ラップくらいの大きさで400gと軽いうえ、ケーブルに接続しなくても利用できるので、好きな場所ですぐに使えます。

写真に撮ったりスキャンしてデータで残す方法は、レシートの管理やレシピのファイリング、子どもが書いてくれた手紙などの思い出を残すのにもおすすめです。

## 重たくて場所をとるアルバムもデータ化

アルバムや写真をデータ化してくれるサービスもあります。「節目写真館」というところは、生徒さんが何名か利用していますが、とても対応が丁寧だとおっしゃっていました。

アルバムは場所をとるし重いですよね。大切だから持ってはいるけど、どこにどの写真があるかわかりにくいし、出すのが面倒で見返さないこともあるのではないでしょうか。

でも、データ化すればスペースが大きく空きますし、見たい写真も探しやすいし持ち運びやすい。もしも災害が起きた場合も、大事な思い出を失わずに済みますから、一石三鳥くらいです。

以前、卒業アルバムをEvernoteに入れて同窓会に行きましたが、みんなで写真を見ながらすごく盛り上がりましたよ。

Rule 48

# 取扱説明書やポイントカードは アプリで管理

片づけレッスンに伺うと、みなさん、「取説ボックス」のようなモノをお持ちで、取扱説明書をギュウギュウに詰め込んでいらっしゃいます。他にも、お薬手帳が何冊も出てきたり、数年前の年賀状の束が出てきたりすることもよくあります。

たしかに、これらのモノは捨てにくいし、管理がしづらいですよね。でも、**実はどれもアプリを使えば、保管しなくて大丈夫**なんですよ。そうすれば、その分スペースが空くので、水や非常食などの備蓄品を置くこともできます。アプリで解決できることはアプリで解決していきましょう。

**【取扱説明書→トリセツ】**

取扱説明書は、扱いに困っている方がとても多いです。取説ボックスや専用のファイルを作ってもあふれてしまったり、せっかくとっておいても意外と読み返す機会がなかったり、いざ見たいと思っても探し出せなかったり……。

そんな方に私がおすすめしているアプリは「トリセツ」です。**商品の型番を登録すると、取扱説明書をダウンロードすることができます。**登録する際には「この製品を登録しますか？」と写真つきで候補のモノが出てくるので、間違えて登録することもありません。ただし、古いモノやレアなモノなど一部の商品は、登録できても取説をダウンロードできないことがあります。念のため、手元の取説と同じモノをダウンロードできているかを確認してから処分するようにしましょう。

### 【ポイントカード→Stocard】

ポイントは絶対に無駄にしたくないですよね。意地でも使いたい（笑）。だけど、ポイントカードを持っていない日に限ってポイント3倍デーだったり、家を出た後にお店へ寄る用事を思い出したりして、ポイントを損してしまうこともありますよね。

そんな悔しい思いをしないためには、「Stocard」というアプリがおすすめです。

これは、ポイントカードに記載されているバーコードを読み込んでおくことで、お店が発行しているポイントカードの代わりとして使えるというものです。

例えば、デパートの化粧品店やインテリアショップなど、滅多に行かないけれどポイントカードを作っているお店ってありますよね。そういうお店のカードのバーコードを、自分で**読み込んで登録しておけば、カードがなくてもStocardのバーコードを提示することでポイントを貯められる**んです。

ただし、利用できるのはバーコードで管理されているモノだけです。紙でスタンプを押すようなカードをStocardに入れることはできません。また、ヨドバシなど、専用のアプリを展開しているお店の場合は、このアプリを利用できないこともあります。

とはいえ、このアプリを使えば、お財布がパンパンになることはないですし、かなり助けられますよ。おすすめです！

### 【お薬手帳→EPARKお薬手帳】

お薬手帳のアプリはたくさんあります。私は「EPARKお薬手帳」というアプリを入れています。紙のお薬手帳と同じように、処方された薬をアプリに登録できるのはもちろん、病院で受け取った処方箋をアプリから送信することもできます。薬局での待ち時間を短縮できるので、密が気になる今の時代にはとても便利ですよね。
また、最大10人分まで登録できるので、家族の服用歴も一元管理できます。

## 【年賀状→スマホで年賀状】

片づけレッスンの生徒さんたちは、みなさんとても優しいので、夫婦で5年分くらいの年賀状を保管している方が多くいます。でも、場所をとりますし、住所を調べたくても、目当ての1通を探すのに時間がかかってしまいますよね。

私は、いただいた年賀状は、こちらから送る際の資料だと考えています。ですから、受け取った時に「ありがとうございます」という気持ちでメッセージを読んだ後は、住所さえわかればいいんです。

そこで最近は、「スマホで年賀状」というアプリに住所録を入れて、これを介して年賀状を送っています。年賀状って、送るまでがとても大変ですよね。買いに行って、かわいいデザインを印刷して、メッセージと住所を書いて、ポストまで出しに行く。

でも、「スマホで年賀状」は、ネット上で一連の作業がすべて完結するんです。デザインを選んで、メッセージやあいさつ文を入れて注文ボタンを押せば、その年賀状の現物が、お相手の元に届きます。企業が日本郵便と連携して運営しているサービスなので、安心して利用できますよ。

**【ねんきん定期便→ねんきんネット】**

ねんきんネットに登録すれば、これまでの納付状況や、年金見込額の試算、追納可能な月数などを簡単に確認することができます。ねんきん定期便の電子版をダウンロードすることもできるので、わざわざEvernoteなどに保存する必要もありません。

**【預金通帳→オンラインバンキング】**

通帳がないと不安だという方もいらっしゃいますが、通帳と印鑑とクレジットカードを大事に保管して、ずっと記帳をしていないほうが逆に怖くないでしょうか。

私はオンラインバンキングとMoneyFoward MEという家計簿アプリを紐づけています。そうすると、いつどこで、どのようにお金が使われたかがすぐにわかるので、万が一誰かに不正に利用されたとしてもすぐに対処できます。銀行にも一切行かずにお金の管理ができるので、三密も避けられますし、時間も有効に使えますよ。

Rule 49

# ホームファイリングで家族共有の書類を一元管理

厳選作業を終えて、金目の書類だけが残ったとしても、子どもの予防接種の紙やパスポートなど、行き場に困るモノが出てきますよね。

それらは6つのカテゴリーに分けて、ファイルボックスに保管しておきましょう。

**【暮らし】**生活に関する書類を入れます。パスポート／マイナンバーカード／印鑑登録証／地域情報／各種パスワード……etc.

**【健康】**健康関連のモノを入れます。病院に持参するモノは個人ごとにセットにしておきましょう。診察券／健康保険証／予防接種の紙／母子手帳／健康診断結果……etc.

**【マネー】**お金に関する重要な書類をまとめて保管しておきます。ただし、**万が一のことを考えて印鑑は一緒にせずに別の場所に収納**します。キャッシュカード／年金手帳／保険証券／住宅ローン関係／証券類／医療費領収書……etc.

**【教育】** 学校や塾、習い事などの必要書類をまとめておきます。なるべくデータ化をして残す書類を厳選しましょう。連絡網／通知表／制服申し込み書類……etc.

**【保証書】** 有効期限が残っているかを確認して、一年保証と長期保証とに分け必要なモノだけを残しましょう。

**【未処理】** 分類する時間がない時や、家族に確認する必要があるモノなどは、ひとまずこのボックスへ入れておきます。2、3日に一度は必ずチェックして処理をしましょう。

ファイルボックスが完成したら、パブリックスペースであるリビングに収納して、家族にもどのように分類されているかを説明しておいてください。

そして**万が一の時には、「マネーボックスだけを持ち出せばいい」と覚えておけば、安心**です。

また、もしもスペースに余裕があるなら、オリジナルのファイルボックスを作るのもおすすめです。「ペット」「趣味」「パパの仕事」などです。個人のボックスを作っておくと、大事な書類を家族に間違って捨てられるというトラブルも防げます。

## ファイルボックスの作り方

**≪用意するもの≫**

- ロファイルボックス
  これがおすすめ→無印良品のポリプロピレンファイルボックス
- ロ個別フォルダー
  これがおすすめ→コクヨの個別フォルダー
- ロスティックファスナー
  これがおすすめ→アスクルのスティックファスナー
- ロポケットリフィル
  これがおすすめ→アスクルのモノイレリフィル

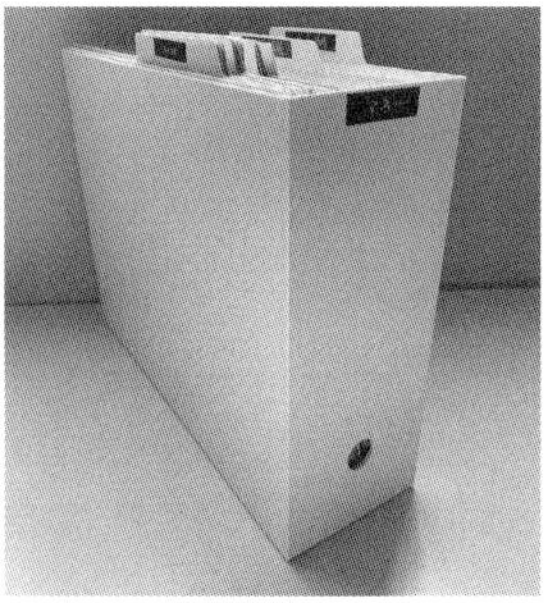

②個別フォルダーはラベリングしてボックスに立てます。立てて管理することで、見やすく、いつでも取り出しやすくなります。ファイルボックスもラベリングし、リビングにある収納スペースなどに並べ、家族みんなに何がどこに入っているかを説明しておきます。

①書類は個別フォルダーに直接、はさみますが通帳やカードは、写真のようにポケットリフィルに入れてスティックファスナーで個別フォルダーに固定します。ポケットリフィルはいろんな種類があるので、例えば、ちょっと余った海外通貨などもポケットリフィルに入れてパスポートとともにはさんでおくなど、様々な活用法ができます。

Rule 50

# 年に一度は家族の緊急連絡先を見直す

年に一度は災害時の緊急連絡先を見直しましょう。家族の連絡先はスマホに入れている方がほとんどかと思いますが、電話番号を覚えていないこともあります。緊急時にスマホが使えなくなることも踏まえて、念のため**連絡先一覧を紙ベースでも持っておきましょう。**どこの避難所に逃げるのかという情報も共有しておきます。

また、災害のアプリもダウンロードを忘れずに。高齢世代の親のスマホにもＬＩＮＥなどの連絡ツールを入れておきましょう。

ダイヤモンドプリンセス号に、生徒さんのご両親が乗っていました。ご両親は80代と90代と高齢なので、生徒さんは乗船前からそれはそれは心配し、両親のケータイをスマホに変更してＬＩＮＥのやり方を特訓し、常備薬を1か月分多めに用意するようご両親にお伝えしていました。船内での新型コロナウイルス蔓延という予期せぬ事態になっても、ご両親とのやりとりがずっとできたことは、先の見えぬ不安の中での何よりの安心材料だったと言います。

私の子どもたちは、就職して、東京で一人暮らししています。それぞれ違う区に住んでいますし、何より土地勘のない親としては心配な部分がたくさんあります。そこで、私は、東京都と子どもたちの住む区の防災アプリをダウンロードしました。

東京が大きな台風に見舞われた時も、水害が心配な地域に住む娘には早めに帰省するよう促すことができましたし、テレビの情報に左右されず自分で判断できる冷静な材料が揃っているのが、安心だと思いました。

**自分の暮らす地域だけでなく、離れて暮らす両親や子どもたちのことも念頭におき、ぜひ防災アプリをダウンロードしてください。**

また、離れて暮らす子どもや親が一人暮らしで連絡がつかない時に、すぐに様子を見に行ってくれる親しい人や近所の人の連絡先もおさえておくとさらに安心だと思います。

「片づけたいのに片づけられない」モヤモヤ相談室⑥

# Q6 小物の収納が苦手で、いつも探し物をしています。

（40歳 会社員 女性）

# A

小物の収納が苦手という方の多くは、引き出しを使っていらっしゃるのではないでしょうか？

例えば、便箋や封筒、切手、宅配伝票、慶弔封筒などは、小さな引き出しに無造作に重ねて入れたりすると、どこにあるのかわかりにくくなってしまいます。

実は、**小さなモノの収納は、引き出しよりも棚収納のほうがフレキシブルで便利**です。

例えば、先ほどの便箋や封筒などのレターセット類などは、p222で紹介したホームファイリングと同様にファイルボックスに立てて収納するとスッキリ片づきます。ファイルボックスの中に、コクヨなどで売っている少しマチがある「持ち出しフォルダー」を入れて、そこにレターセットを入れます。

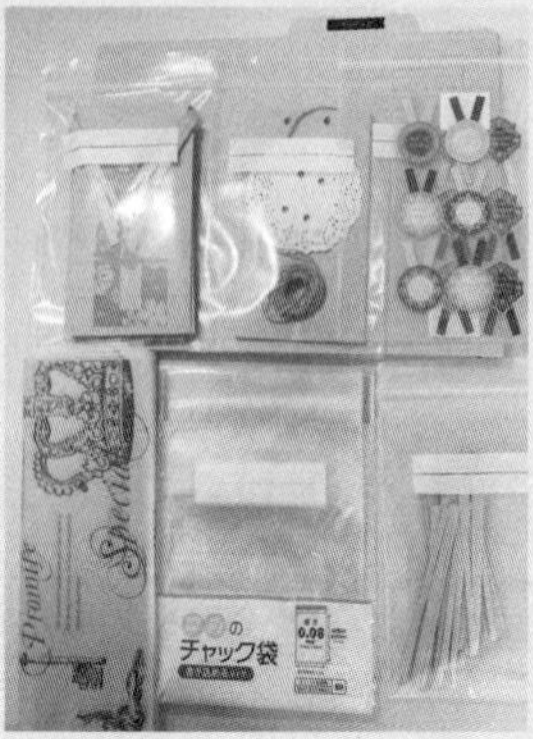


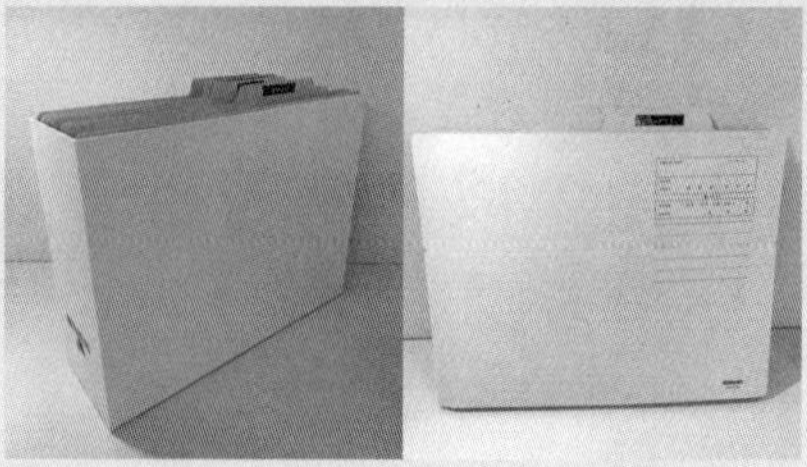

無印良品のファイルボックスの中に持ち出しフォルダーを入れて管理。

持ち出しフォルダーの中には、透明チャック袋にアイテムごとにまとめたラッピング用品を入れる。

ボタンやビーズなどの手芸用品とか、ラッピングペーパー、リボンなどの小物類も、100均で売っている小さな透明のチャック袋などに入れて持ち出しフォルダーに入れれば、バラバラになりません。

つまり**書類だけでなく小物も、A4サイズにまとめて、ラベリングしておくと検索性が上がります**し、行方不明になることがありません。

使ったものを元の場所に戻せない人でも、投げ込めば良いだけのファイルボックス収納なら戻しやすいでしょう。

ファイルボックスは収納棚に直接並べるか、押入れなど広いスペースであればカラーボックスを置いて並べればよいと思います。

いずれにしても、収納計画を立てる時は「引き出しより棚」と覚えておくと、フレキシブルに対応できますよ。

# 終章

## 片づけると人生に起こる5つの「幸せ」

Happiness 1

# 家を片づけると、本当に お金が貯まる

トークイベントなどで、「全財産、いくらあるかわかりますか？」とお聞きすると、「わかりません」という方がとても多いです。

家が散らかっていると、書類の管理まで手が回らないし、どんな保険に入っているかもわからなくなってしまうんですよね。

モノは目に見えるけど、お金の流れって、見えないですよね。**目に見えるモノを片づけられないと、見えにくいお金を管理することはさらに難しいと思います。**

「片づけレッスンを受ける人って、お金持ちですよね？」とよく言われるんですけど、むしろ逆です。子どもにお金をかけすぎて老後資金が心配とおっしゃる方や、実際にお金に困っている方は多いです。

ところが、片づけを終えると、みなさん、お金を管理できるようになっていきます。

**一つひとつのモノと向き合い、要・不要を判断することは、「生活に必要なモノ＝お金を出す価値があるモノ」を見極める練習**になります。

また、「これは○○チーム」「これは△△チーム」と用途に応じて仕分けることは、固定費、食費、教育費など、予算をチーム分けして、枠からはみ出ないように意識することにつながります。

さらに、部屋割りを見直すことで、「住宅ローンを借り換えよう」「都心から少し田舎に引っ越そう」など、それがすっかり当たり前になっていたので気付かなかった暮らしを向上させるための根本的な問題に、目を向けられるようにもなります。

色々とこんがらがって、見えなくなっていたモノが「見える化」される。だから、まったく見えていなかったお金というモノも、きちんと管理できるようになっていくのです。

## 家の資産価値が上がる

家を片づけるとお金が貯まる理由の一つに、家そのものがきれいになって、資産価値が上がるということもあります。

例えば浴槽に水を張ったままにしている方を時々お見かけします。洗濯で再利用したり、災害用だったり。でも、実はやめたほうがいいと思います。

私は不動産業の仕事柄そのような浴室を見ることが多々あるのですが、常に湿気ているとカビだらけになり、査定に響くのです。100万円ぐらい損する可能性があります。

100万円は、洗濯で再利用して節約した水代に比べても大損です。災害用として水を保管しておきたいなら、ポリタンクを買ってベランダに置くことをおすすめします。

また、マンションの場合、フローリングのリフォームは、思いのほかお金がかかります。ジョイントマットを敷き詰めてチリや埃で傷だらけになると、大変な出費です。他にも、万年床で畳がカビたり、モノが多すぎて窓を開けられずに結露で壁が腐食したり。家を片づけず、暮らしの土台を整えないまま放置していると、家の資産価値は下がる一方です。

## 家にいることが好きになるから、レジャー費が減る

ある生徒さんは、古民家をリノベーションして、オシャレな家に住んでいました。で

も、家族が増える前に建てた家なので、「この家、失敗したわ。けっこうお金がかかったのに。新築建てたほうがよかったわ」と、素敵な家にもかかわらず間取りや収納に後悔しているとおっしゃっていました。

そのころは、旦那様とも離婚寸前。「二人目が生まれるはずじゃなかったのに生まれたんです」とまでおっしゃり、フルタイムで仕事もされていたので、ストレスも疲労も限界に達していたようです。

そんなことから彼女は、ストレス発散のため、ネットで爆買いをくり返していました。いいモノをよくご存知なので、海外サイトからも様々なモノを購入して、家の中は通販のモノであふれていました。

さらに、家が嫌いで、いたくないから、しょっちゅう外食に行き、毎週末レジャーにも出かけていました。レジャー費だけで1か月5～6万円は使っていたそうです。

しかし、片づけを終えたことで、そんな生活は一変しました。

暮らしを見直したところ、彼女は会社を辞める決心をされました。「子どもたちのために、今はもうちょっと時間をとったほうがいい」「こんなに散財しなかったらこんなに切羽詰まって働かずに済む」と判断して、パートで働くことにしたそうです。

そうすると、いっぱいいっぱいだった気持ちに少しゆとりが生まれて、旦那様との会話も増え仲もよくなっていきました。今では、土日のご飯は旦那様が作ってくれるそうです。家族の仲がよくなり、家で過ごす時間を好きになったことで、ストレス発散のために散財することもなくなりました。その結果、**収入は減ったのに、支出が大幅に減ったので、逆にお金が貯まるようになった**のです。

これからの時代は、コロナの影響もあり、モノの価値がどんどん変化していくことでしょう。だからこそ、今のうちにいったん立ち止まって、お金としっかり向き合っておくことがとても大事です。大切なお金を何に使うのか。退職後はどうやって生活していくのか。そういうことを考える猶予期間だと思うんです。

私ぐらいの年齢で、これから第二の人生を迎えるという生徒さんたちは、これまでお金と向き合ってこなかったことを、とても悔やまれています。ありがたいことに「もっと早く先生に出会いたかった」と、おっしゃる方もいらっしゃいます。

これからでもお金を得るためにできることは、いろいろあります。大丈夫、今からでも間に合います。しっかりお金と向き合い、経済的なリスクにも備えていきましょう。

Happiness 2

# 家が片づくと驚くほど時間が増える

家が散らかっていると、モノを探す時間が増えるし、家事をするのも大変なので、時間を無駄使いしてしまうというのは、なんとなく想像がつくと思います。

でも、「それはゴミ屋敷レベルの話でしょう？　うちはそこまで散らかってないし」と思っていませんか？　ところが、汚部屋じゃないけれど出しっぱなしのモノが常にある**〝そこそこ散らかっている〟環境に暮らす人も、ものすごく散らかっている環境で暮らしている人と同じぐらい時間を損している**ことが多いんです。

〝そこそこ散らかっている〟部屋では、イライラしつつも洗濯物を干せたり、時間は多少かかっても食事の支度ができたり、ルンバは走らせられないけれど、丸く掃除機はかけられたりします。ちゃんとやれば、片づけも家事もできるので、改善する必要性がないと思っておられることが多いでしょう。

でも、片づけて第5章の家事ルールで紹介したような時短テクを使えば、1日3〜4時間は浮くと思います。家事で疲れることも減るので本当に時間が増えますよ。

## 「時間」の枠を意識すると、時間の無駄使いがなくなる

私は本書で「枠を意識してください」と、くり返しお伝えしてきました。

この**「枠の意識」というのは、収納だけではなく、実は時間にもあてはまる**のです。

人って、悲しいけれど必ず死にますよね。そこには、生きている時間という、大きな枠があります。それだけではなく、**子どもと遊べる時間、旦那様と過ごせる時間、家族で食卓を囲める時間など、すべてが限りある大切な時間**です。

私の母は、すごくアクティブで、市民講座で中国語をマスターして通訳の仕事を始めたり、50代でマウンテンバイクのレースに出場したり、60代で始めたベンチプレスでは、日本記録を出したりするほど、常にパワフルで、元気いっぱいの人でした。

なので、ずっとそのままだと、のんきに思っていました。

でも、65歳の時にパーキンソン病と診断され、今は介助が必要な生活を送っています。

義母も、私が26歳でお嫁入した時は、かろうじて支えがあれば立つことができましたが、次第に立てなくなり、2、3年後には、寝返りを打つこともできなくなっていきました。

お見舞いにきた同級生が旅行に行った時の話などをされると、笑って聞いていましたが、活発な母にとっては、とても無念だったと思います。

悲しくて悔しいことですが、それまで元気だった人でも、自分の意思ではどうしようもない身体的な変化が起こることが現実にはあるのです。

時間という枠を意識するようになると、時間のありがたみがよくわかります。

反対に、時間の枠を意識していないと、何をするにも無計画になります。仕事も家事も、枠を決めずに取り組んでいると、ずるずる延びていってしまいます。

私は生徒さんに「15分リセット」をお願いしていますが、それは、「15分あれば、どれだけのことができるか」ということを、知ってもらうという目的もあるんですよ。**たった15分でも、時計を見ながら取り組んでいると、意外とたくさんできることがあることに気が付く**と思います。時間という枠を意識する練習でもあるんです。

日々の暮らしの中で、時間の枠を意識し、ありがたみを持って過ごしていく。それが、時間そのものを増やすとともに、人生を豊かにしてくれる秘訣だと思います。

Happiness 3

# 優先順位をつけるのがうまくなり、決断力が上がる

**片づけは、モノと一つずつ向き合って、優先順位をつける作業の連続**です。優先順位をつけるためには、何度もお伝えしているように「理想の暮らし」を思い描いて、それを指針にする必要があります。そのモノがあることによって、あるいはAよりもBがあることによって自分はもっと幸せになれるのか？　理想の暮らしが手に入るのか？　そうやって一回一回問いかけながら、幸せになれるように人生を軌道修正していくんです。

**片づけを通して、優先順位をつけるのが上手になると、人生においての優先順位もつけられるようになる**し、決断力も磨かれます。

ある生徒さんは、旦那様と離婚しようかずっと迷っていたけど、大切なお子さんのために、一緒にいるという決断をしました。

彼女は20代で、4歳のお子さんがいます。学生時代は海外でボランティア活動をするほ

どアクティブな方だったんですが、病気がわかって、今は治療をしながら専業主婦をされています。そして、どこかで私の本を読んでくださったらしく、レッスンにお申し込みをされてきました。

旦那様は、彼女が病院から帰ってきても「俺の飯は？」と言うようなタイプ。ちなみに彼女は、旦那様のことを「オッサン」と呼んでいるそう。「ただのオッサンだから」って。そんなに冷め切った関係なのに、彼女は二人目を作ろうとしていたんです。自分はイヤなのに、旦那が欲しいと言うからって。「それは自分の意思じゃないよね。自分はどうしたいの？」と聞くと「わからないです」とのこと。

ＬＩＮＥを通じて「心の全出し」をしてもらうと、今はお子さんが常に「ママ、ママ」と、心が不安定なので、「お子さんの心を満たしてあげられるように、きれいな家にしたい」ということになり、ようやく片づけがスタートしました。

## 片づけを始めると、心も整理されていく

家族で「片づけ合宿」を行える雰囲気では到底なかったため、仕方なく一人で片づけを

始めてまだ1週間ですが、彼女の気持ちはすごく変わってきています。実は旦那様もとてもご苦労をされている方でした。家業を継げと言われて学校の先生をやめたけど、会社の人たちから反発があり、追い出されたり。「子ども好きで学校の先生をされている方だから、実は優しい人じゃないの？」とご質問したら、それまでは旦那様の愚痴ばかり言っていた彼女は、そう言えばいいところもあるとか、彼もけっこう辛いのかもしれないですねと、旦那様に対する見方が変わってきました。

ご自身の洋服を大量に手放した頃、旦那様のほうも、お子さんがトイレに貼った「きれいないえにする」という目標の紙を見て、それまで全然会話がなかったのに、「何あれ、貼ったの？」って、ちょっと笑いながら話しかけてきてくれたそう。

**家の中のムードが明らかに変わってきている**ようです。

そして彼女は、離婚問題に終止符を打ち、「別れずに一緒にいる」と決断しました。片づけを通して、旦那様の気持ちを理解できるようになってきたのと同時に、お子さんの笑顔が、何よりも大事であることに気付き、離婚はせず仲良くするために自分の行動や言葉から変えたいとおっしゃっていました。片づけをやり遂げたころには、自分にとって大切なモノのために、何をどうすべきかを決める力がさらに高まっていると思います。

Happiness 4

# フットワークが軽くなり、チャンスを逃さなくなる

私はよく、**「家を片づけて、足かせを外そう」**と、生徒さんに言っています。

バックヤードを全出しすると、100人中100人が、ぐったりして、「えらいことをしてしまった」とパニックになって、時には泣き出す人もいます。

でも、「こんなにあったんやね。これだけ、足かせがあったんだからこれが少なくなったら、すごく身軽になるよ」と声をかけて、作業を進めていきます。

実際、モノが少なくなると、本当に身軽になります。

例えば、料理をしようと思っても、流しに洗い物が残っていて、シンクにモノがたくさんのっていて、しかも水でべちゃべちゃだったりすると、やる気が出ませんよね。だけど、流しに洗い物がなく、シンクもすっきり片づいていて、ピカピカ光っていると、「おいしいご飯でも作ろうかな」と、行動に移しやすいのではないでしょうか。

家が片づくと、これと同じようなことがたくさん起こります。

よくあるのは、お金にまつわることです。**お得な情報をキャッチすると、それにパッと乗れるようになります。**

家が片づいていない時も、なんとなく自分は損をしている気はしているんですよね。でも、時間がないから、ケータイ代や保険料金、住宅ローンなどをなかなか見直せません。

例えば、私自身は、ａｕからソフトバンクへ乗り換えた時に、家族全員で38万円が返ってきました。今は法律が変わってできなくなりましたが、当時はキャッシュバックキャンペーンというものがあり、ケータイ屋さんにポスターが貼ってあったんですね。それを見てすぐに、必要書類を持ってお店へ行きました。

住宅ローンも、20年くらい前に家を買った方は、借り換えると金利が安くなることが多いです。多分、そのことは皆さん耳にされていると思うのですが、そこで動けるかどうかが、フットワークの軽さ。足かせがあるか、ないかの違いです。

「ちょっと調べてみよう」と思って、書類をパッと出して見られるか。それとも、「書類どこいったかな。探すの面倒だから、まぁいいか」となるか。

それが、人生を大きく左右していくと思います。

## 思考が「寄り」から「俯瞰」へ変わり、問題解決能力が上がる

家の中がモノであふれていると、なんとなくぐったりしてきますよね。

空気がよどんでいる、動きにくいなど要因は色々ありますが、その中の一つに、**「脳に負担がかかっている」**ということがあると思います。

脳は、視覚から入る情報を処理しています。そのため「家が散らかっている＝モノがたくさん目に入る＝処理する情報が多い」ということになり、脳が疲れてしまうのです。

なので、散らかった空間にいる時、人は自然と視覚を狭めて、脳に入る情報を減らそうとします。目の前のモノだけを見るようにする、ということです。

例えば、食事をする時。ダイニングテーブルにモノが散乱していると、普通はそれらが気になって落ち着かないと思います。

ところがその状態に慣れている人は、気にならないように目の前のお皿だけを見て、モ

ノの山は見ずにご飯を食べるそうです。視界をわざと「寄り」にしているんですね。

けれども、この**「見たくないモノを見ないですむように、寄りでとらえる」ということが習慣化すると、ふだんの生活や仕事にも影響が出てくる**のではないでしょうか。

視野が狭くなることで、問題の本質をとらえにくくなりますし、目の前にあることにしか反応できなくなってしまうことでしょう。

実際、片づけ合宿前に、生徒さんに部屋の写真を撮って送ってもらうと、寄りの写真ばかりが届くというのは前述した通りです。片づかないという問題を解決するためには、家全体を俯瞰でとらえることが非常に大切です。

仕事や人生のトラブルも同じです。思考を「寄り」にしては、問題の根幹が見えてきません。一歩二歩下がって見てみることで初めて、解決の糸口が見つかります。

片づけをやり遂げると、狭まっていた視野が解放されます。**物事を俯瞰でとらえる習慣が身に付き、問題解決能力も上がります。**そして最後は、部屋の写真も、引いたアングルの美しいものが届くようになります。本当に、劇的に変化するのでおもしろいですよ。

Happiness 5

# 家族の仲がよくなる

「片づけをして人生がうまくいった、一番すごい人を教えてください」と聞かれたら、私はやっぱり、夫婦仲がよくなった人を挙げると思います。

すごくお金持ちになったとか、出世したとか、そういうことも素敵ですが、夫婦仲が円満になって、**家族の笑顔が増えることはとても幸せ**なことではないでしょうか。

家を片づけることは、一緒に暮らす人への思いやりでもあるんですよね。家を使いやすく改善するというのは、自分のためだけではなくて、相手の希望も聞いて、寄り添うことでもあります。

**私の片づけは、いらないモノを探す片づけではありません。**本当に必要なモノだけをピックアップし、それを使いやすくするために、家を整えるのです。

ですから、単にモノを捨てるだけでは終わりません。やたらめったら捨てまくるとか、そういう殺伐《さつばつ》とした片づけは、まったくいいとは思いません。**「モノを捨てたら幸せになれると思っていたのになれません。先生、どうしたらいいんですか」**と、泣きながら相談してくる方もたくさんいます。

## 最初は人の欠点ばかり気になる

いらないモノ探しをしていると最初は旦那様や他の家族のモノばかりが気になります。「これもあれも、旦那のもんだわ。いらん、いらん！」というように。でも、本当に自分が必要なモノはなんだろうとまずは自分のモノからピックアップしていくと「あれ、思ってたより私のモノが多いなぁ」と気付くんです。そうすると、「これ捨ててよ！」と、旦那様に対して怒っていたのが、「ここの空間をあなたの場所にしてつりの道具をしまってみては？　大切なモノだもんね」と相手を思いやる言葉が自然と出てくるようになります。**片づけをすることは、一緒に暮らす人への思いやり、愛情表現**なのです。

旦那様のほうも、今まで文句ばかり言われていたのに、なんか優しくされるようになったなと、思うようになります。「俺、ローンも払ってるのに、なんでこんな冷たくされなあかんねん」という状況だったのが、片づけをする過程で、自分が認められている、愛されていると、感じられるようになってきます。

そして、片づけを終えて、自分の家のビフォーアフターを見ると、心のガサガサが一気に取れていきます。「私、こんな汚い状況でえらそうに言ってたんだ」「ぐちゃぐちゃのキッチンで不満ばかり言ってたんだ」と、ハッと気付き、その後は家族との関係性がどんどん好転していきます。**子どもも、変わっていく両親を見ているから、穏やかな気持ちになり何も言わずとも、すごくうまく家庭が回り出す**ようになることが多いのです。

片づけの過程において思いやりを出し合っていくと、少しずつ少しずつ、家族仲がよくなっていきます。そして、片づいた後も暮らしの基盤が整っているから穏やかに暮らせるようになります。〝大切なモノを選び抜く〟片づけは、愛情を伝えやすくし、夫婦仲もよくなる。家族の笑顔も増えるんです。

## 家族で食卓を囲めるように

みなさん、片づけたい理由は様々だと思いますが、私は、家族でご飯をちゃんと食べるために片づけてほしいなと思っています。

以前、お片づけレッスンで、こんなことがありました。

お片づけ1日目のお昼前、お子さんが「お腹がすいた」と言うのでお母さんは、お子さんにそうめんを茹で始めました。

お母さんは、数分後、茹で上がったそうめんをボウルごと、ぽんと散らかったテーブルの隙間に置きました。そして、洗いカゴに積んであった水筒の蓋にめんつゆを入れてお子さんに渡しました。

お子さんは水筒の蓋を持って立って歩きながらそうめんを食べ始めたのですが、すぐに飽きて、今度はテーブルの上にあったお菓子を床に座って食べ始めました。

それを見たお母さんは「せっかくそうめん茹でたのに食べなさい！」と叱りました。

けれど、青い水筒の蓋に入ったそうめんは、どう見てもおいしそうではないんですよね。お子さんが食べないのも仕方がないかなと私は思いながら、**散らかったキッチンでは****そういうことに気付くのは難しい**ので、片づけを急がなければと心の底から思ったんです。

色々お話を聞いてみると、お子さんはきれいに片づいているおばあちゃんの家では、ちゃんと座ってお行儀よくご飯を食べるということでした。

その方は、フルタイムで仕事をし、散らかったキッチンで料理をするのが億劫で、普段はついつい出来合いのものやお弁当など適当なものを買って食べているとおっしゃっていました。

でも、キッチンには、最新の調理家電や、たくさんの調理器具や食器があり、賞味期限切れのインスタント食材も大量にありました。きっと、自分の家で料理をちゃんとして食べさせたい、という優しいお気持ちから、便利な道具や食材を大量に買われていたのだと思います。

私は、**「道具や食材よりも簡単なものがすぐ作れる調理スペースを確保しようね」**と彼女と、7時間かけてキッチンを片づけました。片づけた日の夕飯には、お子さんと3人で一緒にクリームシチューを作りました。自分で作ったシチューはとってもおいしいとお子さんは大喜びで、お行儀よく座って、たくさん食べてくれました。**その姿を見て彼女は涙を浮かべながら、絶対きれいな状態をキープする！　と決意された**のです。

キッチンは使えば汚れるし、どんなにきれいな場所も、日々リセットしなければまた散らかります。けれど、汚れるからと何もしないただのガランとした空間には、なんの意味もありません。

暮らしが整ったら、みんなで食卓を囲んで、おしゃべりをして、楽しい時間を持つ。

それが片づけの向こう側のゴールであり、心も体も健やかに過ごせる、幸せな人生の土台となる大切なことだと思うのです。

私がそれを痛感したのは、当時中学1年生の息子が交通事故に遭って入院していた時です。

その時の私は、気持ちが滅入って、おかしくなるくらい泣いていたので、料理も作らず、コンビニ弁当を食べたり、ファミレスへ行ったりしていました。「食べられたらなんでもいい」と思っていました。今思うと、少し考え方がおかしくなっていたし、体の調子も悪かったのです。だけど、そんな時、娘に言われたんです。

**「ママ、家でご飯を食べたい」**って。

ハッとしました。納豆でいいから家で食べたいと言われて、入院している弟のためにずっと我慢をしていた、娘の気持ちに触れた気がしました。

その日、作ったのは、ごはん、味噌汁、納豆、卵焼き、ぬか漬けです。

ありあわせのシンプルな夕食でしたが、それを機に、卵焼きに野菜を入れたり、ぬか漬けの野菜を替えたりする程度ではあるものの、料理を作るようになって、食欲がなかった私もだんだんと食べられるようになりました。そして、きちんと食べることで、気持ちが安定していくのを実感しました。

**家族が家で同じモノを食べるというのは、食事の栄養以上の何かがある**ような気がします。「今日は味が濃いやん」とか、「それ、食べようと思ってたのに！」とか、そんな会話をするのも楽しいですよね。

## 大切なモノは目に見えない

考えてみれば、**家族で食卓を囲める時間は、限られています。**

子どもはいつか巣立っていきますし、夫婦水入らずの時間にも、いつか終わりは来ます。

そういう、当たり前だけど貴重な時間を大事にしていただきたいと、心から思います。

本当に大切なモノは、目に見えないんです。

「子どもが大きくなる前に片づけたかった」「ここまで夫婦の関係が悪化する前に、どうにかしたかった」と思っている方もいらっしゃるかもしれません。

でも、今からでも、十分間に合います。むしろ、生活スタイルが変わった今はベストなタイミングです。

動き始めれば、必ず何かが変わります。

だから、すぐにやりましょう。

家を片づけましょう。

あなたにとって、本当に大切なモノのために。

# おわりに

家を片づけられない人は、とても真面目で優しい人が多いです。自分を犠牲にして働いていたり、家族のために尽くしていたり。人にもモノにも優しいから、モノを手放すことができないんだと思います。

私は、片づけが苦手で、それを克服したいと挑戦する人が大好きです。

そんな素敵な人たちが、「片づかないのは自分のせいだ」と、どんどん自分を追い込んでいくのを、少しでもお助けできたらと思っています。

新型コロナ騒動以降、自分と向き合う時間が増えました。家族と顔を合わせて、しっかり目を見る機会も増えたと思います。

こんな時だからこそ、大切な我が家を整えていきましょう。

家族の命と笑顔を守るために、備えていきましょう。

備えが必要なのは、災害や感染症だけではありません。

家一軒をまるごと片づけて、暮らしの土台を整えることによって、お金の問題や家族のトラブル、人間関係など、目に見えない複雑なことも、ちゃんと片づけられるようになります。人生そのものに備えられるようになるのです。そして、二度とリバウンドすることはありません。

「最後の片づけ」をやり切れば、人生は確実に好転していきます。

この本が、みなさんの生活に備えと安心をもたらし、本当に大切なモノに囲まれた、豊かな人生を送れる一助となることを願っています。

2020年11月

石阪京子

## ＜主なリサイクル・買取業者リスト＞

自分に必要のないモノは売る、譲る、寄付する、なども考えてみましょう。

買取・寄付可能なものの詳細や、方法は各サイトをご確認ください。

| 業者・団体 | URL | 買取や寄付が可能なもの |
|---|---|---|
| **総合買取業者** | | |
| ブランディア | https://brandear.jp/ | ブランド洋服、ブランド小物、腕時計、貴金属・スマホなど。 |
| 買取王子 | https://www.kaitoriouji.jp/ | ブランド小物、時計、貴金属、家電、スマホ、本、おもちゃ、楽器、スポーツ用品、お酒、金券など。 |
| 大黒屋 | https://www.e-daikoku.com/ | ブランド小物、腕時計、貴金属、家電、スマホ、本、おもちゃ、楽器、スポーツ用品、お酒、金券、骨とう品など。 |
| エコリング | https://www.eco-ring.com/ | ブランド、ノーブランドの洋服、ブランド小物、腕時計、貴金属、家電、スマホ、本、おもちゃ、楽器、スポーツ用品、お酒、金券、骨とう品など。 |
| セカンドストリート | https://www.2ndstreet.jp/ | ノーブランドの服や子供服、家具も買取可能。もちろん、ブランド小物、腕時計、貴金属、家電、スマホ、本、おもちゃ、楽器、スポーツ用品、お酒、金券なども。 |
| **フリマ・オークションサイト** | | |
| ジモティー | https://jmty.jp/ | 地元情報の掲示板。「売ります・あげます」コーナーで近所で、必要としている人を探せる。 |
| メルカリ | https://www.mercari.com/jp/ | フリマアプリ。自分で値を付けて出品。互いに匿名で取引できる。 |
| ヤフオク! | https://auctions.yahoo.co.jp/ | オークションのサイト。買い手が値をつけるオークション形式でも、自分で値をつけて出品するフリマ形式で出品可。 |
| **寄付** | | |
| エコトレーディング | https://www.ecotra.jp/ | まだ使える日用品をアジアのリサイクルショップへ。衣類、子供服（夏服）、靴、バッグ、ランドセル、おもちゃ、ぬいぐるみ、中古食器、調理器具、ベビー用品、工具、置物など。 |
| ワールドギフト | https://world-gift.com/ | まだ使えるものを世界の途上国へ。衣類、靴、文房具、ランドセル、おもちゃ、ぬいぐるみ、台所用品や調理器具など。紙おむつや生理用品、動物用品なども、開封済・残っている物もOK（ただし不衛生でないもの）。 |

*買取業者はここで紹介した以外にもたくさんありますが、なるべく、LINEなどでの見積もりができる業者で複数の見積もりを取って決めると安心です。見積もりのために自宅に来る業者は、詐欺のこともあるので注意してください。

［著者］
**石阪京子**（いしざか・きょうこ）
片づけアドバイザー。宅地建物取引士。ＪＡＤＰメンタル心理カウンセラー・上級心理カウンセラー。
大阪で夫と不動産会社を起業、夢のマイホームを手に入れても片づかないことで理想の暮らしができないと諦めている多くの人に出会う。
自分にできることはないかと女性目線での建築設計、引っ越し後のアフターフォローとして家の片づけを提案。独自のメソッドは、一度やれば絶対にリバウンドしないのが特徴で、これまで様々な片づけ方法を試したり、プロに頼んではリバウンドを繰り返してきた人たちの「最後の駆け込み寺」となっている。同メソッドで片づけに成功した人はほぼ1000人にのぼる。
現在は、収納監修、片づけレッスンほか、北海道、東京、名古屋、大阪、広島、福岡など各地でのトークイベントやオンラインセミナーを開催。多くの女性に暮らしの整え方についてのアドバイスを行っている。著書に「奇跡の３日片づけ」「夢をかなえる７割収納」「家事の『しないこと』リスト」（以上、講談社）などがある。

一回やれば、一生散らからない「3日片づけ」プログラム
**これが最後の片づけ！**

2020年12月８日　第１刷発行
2021年８月19日　第８刷発行

著　者――石阪京子
発行所――ダイヤモンド社
〒150-8409　東京都渋谷区神宮前6-12-17
https://www.diamond.co.jp/
電話／03･5778･7233（編集）　03･5778･7240（販売）

ブックデザイン―上坊菜々子
イラスト――いだりえ
カバー著者写真―松園多聞
校正――――NA Lab.
ＤＴＰ―――エヴリ・シンク
製作進行――ダイヤモンド・グラフィック社
印刷――――三松堂
製本――――本間製本
編集協力――森本裕美
協力――――丸山亜紀、マーベリック（大川朋子、奥山典幸、松岡芙佐江）
編集担当――井上敬子


ISBN 978-4-478-11231-1